在最美的时光里与你同行

——辅导员写给大学生的书

黄继忠 主编

辽宁大学出版社

图书在版编目（CIP）数据

在最美的时光里与你同行：辅导员写给大学生的书/
黄继忠主编. --沈阳：辽宁大学出版社，2014.7
ISBN 978-7-5610-7769-6

Ⅰ.①在…　Ⅱ.①黄…　Ⅲ.①大学生－学生生活
Ⅳ.①G645.5

中国版本图书馆 CIP 数据核字（2014）第 167048 号

出　版　者：辽宁大学出版社有限责任公司
　　　　　　（地址：沈阳市皇姑区崇山中路 66 号　　邮政编码：110036）
印　刷　者：辽宁彩色图文印刷有限公司
发　行　者：辽宁大学出版社有限责任公司
幅面尺寸：170mm×240mm
印　　张：14.25
字　　数：200 千字
出版时间：2014 年 7 月第 1 版
印刷时间：2014 年 9 月第 1 次印刷
责任编辑：粟　延
封面设计：徐澄玥
版式设计：王佳馨
责任校对：何　悦

书　　号：ISBN 978-7-5610-7769-6
定　　价：36.00 元

联系电话：024－86864613
邮购热线：024－86830665
网　　址：http://www.lnupshop.com
电子邮件：lnupress@vip.163.com

本书编委会

主　编：黄继忠

副主编：刘长溥　柴　楠　孔　晓

编　委：（按姓氏笔画排序）　马海燕

　　　　马　强　白　皓　李　雪

　　　　李　雯　汤闳淼　姜　涛

　　　　梁颜鹏　谭　啸

目　录

9. 找到你的 style

致 读 者

看到这书名，眼前突然时光倒流，30年前我的大学生活往事浓雾般弥漫着扑面而来。大学的舞台上，我们每个人都扮演着自己的角色。在桃花盛开的初春，枫叶火红的深秋，一抹阳光的清晨，月光如洗的夜晚，无时无刻不在上演着一幕幕喜怒哀乐，爱恨离合，迷茫与困惑，落差与冲突，成功与失败的故事。那时，我们富于幻想，渴望知识，充满激情，勇于探索；那时，我们播种着享用终生的知识、友情和爱情。我们流连在那段一生中最美好的时光里，幻想着重新回到过去的岁月。

蓦然间回到现实，物事已非。想当年固定电话凤毛麟角，甚至是身份地位的象征，现如今已是移动电话、QQ、微信漫舞太空；想当年满大街自行车如流，坐公交车已属奢侈，现如今地铁、高铁、动车、家庭轿车纵横天下；当年我的大学学子三千，如今弟子已逾三万。然而，学子的青春励志，朝气依然，知识仍在播种，友谊还在继续，爱情依然令人神往，迷茫与困惑尚在，落差与冲突仍频，生活在继续，故事仍然接连发生。

既然大学生活如此丰富多彩，我们身在其中何不加以采摘？此书正是一本采摘集，我们通过辅导员的眼睛，观察当代大学生，收集并编撰成一串故事，但又与故事不完全相同。确切地说，我们编撰的是一串案例故事，即每一个故事中大都隐含着一个需要解答的问题：困惑、忧伤、失望、无助、落差、冲突、矛盾、失败、失恋、思乡……凡此种种思绪，时时刻刻真实地发生着、蔓延着。此时，你们或许需要倾诉、引导和点拨，需要理解、抚爱和同情。本书中的案例采用了与故事完全相同的写法，并力图将故事的环境和语言赋予时代的气

1

息。当你捧起这本书，发现环境是这么熟悉，语境是如此亲切，读到其中某一个故事，发现你就在其中，抑或发现另外一个故事的主人公恰是你的室友，于是莞尔一笑，爱不释手。

在大学里，辅导员是这样一支教师队伍：年青，高学历，对学生工作充满激情和创意，并时刻体味着学生们的喜怒哀乐，分享着学生们的快乐时光。他们不仅掌握着一门专业知识，还自修哲学、文学、心理学、社会学、毕业设计、人生规划等学科知识，并在实践中将这些知识转化为能力。于是，你会发现，一名优秀的辅导员是一名真正的导师：他既传播知识也答疑解惑；既进行学业指导也提供人生设计。他们是倾听者和守望者，你随时可以对他倾诉，他时刻守望着你的到来；他们是播种者，撒下理想的种子，传播时代的正能量；他们是组织者，或者在运动场上，或者在辩论室里，他们的身影无处不在；他们是救火者，困难、危机、冲突时，他们总会在第一时间出现在第一现场。他们的心中充满了对学生的爱，平等地施予每一个人。对于学生而言，他们是师长，是父兄，甚至是心中的恋人。当你们毕业离开的多年后，也许一些授课老师会被慢慢忘却，唯辅导员长留心中。

现在，通过本书中的这串珍珠般的案例故事，他们以一种不见面的方式继续着与学生们的交流和沟通。每一章都经过精心设计，力求涵盖大学四年发生的所有经典故事；每一个案例都经过精心选择和润色，力求准确地还原生活；每一段议论或点拨的话，都有很强的针对性，力求准确提供故事中隐含着的问题的答案；还有引用的名言经典，都经历了一次次的选择，力求有助于解开故事的谜底。这本书体现了当代辅导员的素质和智慧，传播着他们的爱心、学识和价值观。当大学生们捧读这本书的时候，相信不仅会被故事迷离的情节、时尚的语言所吸引，还会从"辅导员说"、"多知道一点"、"名言经典"中获得指导和启发。

这正是我们所期望的：当你阅读这本书的时候，仿佛辅导员就坐在你对面。

黄继忠

2014 年 6 月 15 日

我对生命的感悟*

　　最近，我校有两名同学放弃了生命。如此看淡生命令我唏嘘不已。所以，今天我要对大家说一说我对生命的感悟。

　　同学们可曾想过，每一个生命都是不可复制的奇迹。

　　迄今为止，已知宇宙中只发现地球上存在生命。已知宇宙有多大？尚未发现和确定边界，据说光走上亿年也无法到达边界。已知宇宙中有多少颗星球？数不清。我们的银河系仅是宇宙众多星系中的一个，而它直径有10万光年，有1200多亿颗恒星，太阳是其中的一颗。我们的地球以1.5亿公里的距离围绕太阳旋转，太远或太近，地球上都无法产生生命。所以我们可以说，地球生命是宇宙的奇迹。

　　也许你没有想得如此宏观，让我们回到身边。同学们知道胡杨树吗？它生长在沙漠里，千里沙浪，万里风涛，赤日炎炎，狂风猎猎，那是多么恶劣的环境！然而，胡杨树可以长生千年不死，死后千年不倒，倒后千年不朽！你知道你来到人间本身就是一个奇迹吗？在茫茫人海千万个偶然的选择中你的父母相爱，在亿万条精子中有一条与卵子相逢，于是有了你。你不能不承认生命就是奇迹。

　　同学们可曾想过，生命并不完全属于你自己。

　　也许有人认为，生命当然属于我自己，我可以随意处置它，放弃它，这是我的权利和自由。

　　我与这样的看法有所不同。

　　父母是你生命的直接源头，是他们给予你生命，并含辛茹苦把你养大。20岁左右的年纪还难以领会父母养育你所付出的艰辛。我在这

---

　　* 黄继忠院长2011年10月15日在辽宁大学经济学院学生干部会上的演讲。

个年纪和大家一样，甚至仇视父亲对我的打骂，藐视他的封建思想、目光短浅和距现代文明的千里之遥，抱怨他对我的未来没有任何帮助，他仅仅是一个连自己的姓名都不会写的农民。现在我持完全不同的观点，心中充满感恩，每个月都要回农村老家看望他。俗话说，不当家不知柴米贵，不养儿不知父母恩；又说，子不嫌母丑，狗不嫌家贫。这话是很有道理的。所以，我们要尊重父母，回报父母，为了他们，不要轻言放弃。

我们的生命属于社会，属于自然。这里我们不谈奉献，只谈责任。这个社会由人构成，这个自然主要由生命构成。我们是社会中的一员，是自然中的一个环节、一个节点，无论对于社会或自然，都负有连接、传承和延续的责任。不要认为个人孤立、渺小、无足轻重，这个宇宙是由最微小的原子结构决定形态和命运的，原子尚且如此，何况有生命的人类。

再换个角度谈人与社会和自然的关系。社会给予我们很多，我们成长中的每一天都离不开这种给予：军队保卫着国家的安宁，警察维持着社会的秩序，老师在教育你，同学、朋友在帮助你；你吃着农民种的粮，穿着工人做的衣；在这个社会里，见面的不见面的人与人之间彼此在相互帮助着。自然界也给予我们很多，大家知道能量守恒定律，我们成长的每一天都在消耗能量。所以，我们要回馈社会和自然，不要轻言放弃。

同学们可曾想过，放弃生命才是最彻底的、无法挽回的失败。

人的一生要经历无数次挫折、困难和失败。真正的勇士和成功者，都是在困难中前行，在失败中奋起。挫折、困难和失败是对每一个人的考验，当我们穿越它、战胜它，回过头来看，那是一段宝贵的经历和经验。没有历经磨难的人是难以成就大业的，从这个意义上说，磨难是"上帝"给予我们的礼物。

45年前，上山下乡的知识青年们，无不经历了形形色色的磨难。同学们可以想象，一群比你们年纪还小的城市知识青年，平时受到家长百般呵护，突然被派送到农村"接受贫下中农的再教育"，条件是何等恶劣，生活是何等艰辛，那种反差是多么巨大！然而，今天你问一问当年的知青，他们当中的大部分，尤其是其中的成功者，会告诉你，那是一段难忘而宝贵的经历，有了这段经历，什么苦都能吃，什么罪都能遭，宠辱不惊，富贵不淫。我本人如此，林书记*也是如此，我们中学毕业后在农村劳动了五年以上，经历了种种磨难和打击，但今天我们却常常怀念那段经历，感激那段经历。

也许我们有一千种理由选择放弃生命：比如，山盟海誓恋人的离去，推心置腹朋友的背叛，付出艰苦努力还不能通过考试，家中的贫困使学业难以为继，久治不愈的疾病的折磨，等等。但这些并非无法克服，并非是跨不过去的坎儿。这是对品质的磨炼和意志的考验。放弃生命是一种逃避，是一种懦弱，为勇敢者所不齿。世界上没有无法克服的困难、挫折和失败，放弃生命才是最彻底的、无法挽回的失败！

同学们可曾想过，放弃生命，就意味着放弃一切：爱和被爱，感恩，奉献，荣誉以及生活中的无限乐趣。

放弃生命，就意味着放弃了爱和被爱的权利和机会。人的一生是充满爱的一生，我们被父母所爱，被亲朋好友所爱，被同学同事所爱，同时我们也爱他们。爱，使我们幸福，使我们温暖，使我们纯洁，使我们豁达。然而，如果我们选择放弃生命，这一切都随之消失。

放弃生命，就意味着放弃了对亲朋、对社会感恩和奉献的责任，更无法体现作为人的价值。在20年的岁月里，我们得到了那么多的关爱，学了那么多的知识，具备了基本的能力，我们应该承担感恩和奉献的责任，这是作为人来到这个世界的使命。然而，如果选择放弃生命，就无法体现我们的价值，也无法完成我们的使命。

放弃生命，还意味着放弃了成功、荣誉、鲜花和掌声。在履行作为人的责任和使命的过程中，我们都可能获得成功和荣誉，同时伴随着鲜花和掌声。这意味着得到了社会的承认和尊重，我们会得到亲朋好友的祝贺，会享受成功的喜悦和乐趣。到那时，只有到那时，我们

5

---

* 辽宁大学经济学院党委书记林木西教授。

会怀念甚至感激那些磨难、挫折和失败。然而，如果我们放弃生命，就无法体验那无比美妙的感受。

放弃生命，将无法品尝生活中的无限乐趣。

你有过跟着爸爸妈妈一起去动物园、植物园、博物馆游览参观的经历吗？

你登过长城吗？

你参观过罗马大竞技场吗？

你看过广阔地平线上的日出吗？

你仰望过十五的月亮吗？

你观赏过一朵花的绽放过程吗？

你观察过蚂蚁如何搬家、燕子如何筑巢吗？

世界有无限的乐趣等着我们去体味，有无限的美等着我们去发现。所以，让我们珍重生命，热爱生活。

以上，是我对生命的感悟，希望通过大家传达给你们接触到的每一位同学；也希望大家在遇到似乎难以战胜的困难、挫折和失败时，想起我今天的话。

除了课堂知识，大学里
我们还要学会什么？*

各位新同学：

让我先给大家讲一个真实的故事：在石油之城克拉玛依，有个叫尹志超的学生，今年考上了远在广州的华南理工大学。接到录取通知书之后，他想到了一个与众不同的主意：骑自行车前往学校报到。两地相距 4700 公里，途中要翻越包括秦岭在内的高山峻岭，穿越大大小小许多条河流。老爸实在不放心，于是请长假一路同行。父子俩各背负 15 公斤重的行囊，一路风餐露宿、早起晚归、跋山涉水，每天骑行近 160 公里，行程 31 天，终于到达目的地。

我讲这个故事是想引出今天的主题：除了课堂的知识，大学里我们还要学会什么？

要学的当然很多，因为这 4 年是同学们一生中最重要的学习、成长期。以我的经验和对在校生多年来的观察，我认为，除了课堂知识，还要努力学会独立，学会坚强，学会合作，学会爱。下面分别谈一谈我的观点。

首先，要学会独立。

同学们已经到了 18 周岁，有了独立的法人资格和选举权、被选举权，这要求同学们独立；大家离开严父慈母和温馨的家步入大学，这要求你们独立。然而据我观察，每年的新生中都有一部分距独立的要求有着很大的差距。在我国社会中，有的人 30 岁还未"断奶"，40 岁还在"啃老"，这说明年轻人独立晚是一个较为多见的社会性问题；

---

* 黄继忠院长 2012 年 10 月 10 日在辽宁大学经济学院 2012 级学生开学典礼上的演讲。

这也说明这个责任主要在社会，而像我这样的专职教育者也有着不可推卸的责任。

对于同学们来说，这里所谓"独立"的要求，包括生活独立、经济独立、学习独立、思想独立。

生活独立的要求似乎不高，最起码要会洗衣服。我们不愿意看到周末时把脏衣服打包带回家让父母亲笑纳，更不愿看到老妈在周边租房子陪读，保姆似的为你打理一切。

经济独立似乎很难做到，因为我们有很正当的理由：没有经济收入。我这里提倡的经济独立有二：一是勤俭节约，尽量减少家庭经济负担，尤其是收入不高的家庭。父母负担你读大学往往节衣缩食、四处打拼仍不堪重负；二是鼓励大家自力更生、自食其力，大学期间可以勤工俭学、可以初尝创业、可以申请贷款、可以向老爸借钱。不管你的家庭贫穷还是富有，我们都要以花自己的钱为荣，以勤俭节约为荣，以大手大脚、炫富摆阔为耻。我有两次看到高档跑车在校园里以大约60迈的速度轰鸣，我想，如果他是我院的学生，我为有这样的学生而自责。大家都知道美国有个叫巴菲特的股神，但你们可知道有个叫彼德的著名音乐人，他是前者的儿子。彼德19岁创业，用他祖父赠给他的一笔钱成立了自己的音乐工作室。后来，他用自己挣的钱扩大了工作室规模，租了房子、娶了媳妇，没要老爸一分钱。30岁时，他和妻子及两个孩子仍然租住着不足100平方米的公寓。为了改善居住环境和扩大事业，彼德生平唯一一次开口向父亲借钱，父亲却说："金钱会把我们纯洁的父子关系变得复杂，你应该像其他美国人一样贷款买房，然后凭自己的努力把贷款还上。"彼德告诉自己："我发誓，这是我最后一次向父亲借钱。"彼德发奋工作，经过多年的努力，现在已成为美国很有名气的音乐人，获得了美国电视界最高荣誉"艾美奖"，得到了同行的广泛认可。巴菲特终于对彼德说："儿子，我为你骄傲！"听了这个故事，相信同学们会受到震撼和触动。

学习独立是大学与中学相比最显著的差别。除了课堂上老师的讲授，大部分时间要独立学习。如果你不能独立学习，你将收获甚微。你要有明确的学习目标、方向和计划，要形成适合自己的学习方法，尤其是需要有坚韧不拔的毅力，才能平心静气，坐得住冷板凳，抵挡得住现实和虚拟世界中的种种诱惑。

思考独立是最重要也是最难以做到的。大学里充满各种思潮、流派、评说和议论，你要学会辨别是非和真伪，不可人云亦云、随波逐流；你要独立地作出选择和判断。例如，步入大学的初期，你们从亲朋和老师那里得到了太多的忠告、劝导、要求和希望，这些不一定都适合你，你要作出选择；再如，有人说当下中国经济形势很好，又有人说很糟，你要有自己的选择和判断。思考独立，这是成长和成熟的重要标志。

其次，要学会坚强。

在大学的 4 年里，同学们可能会遇到各种各样的困难、挫折和失败。例如：学习跟不上、考试不及格、经济困难、意外事件、失恋，等等。这需要学会坚强。

然而，你们每个人都足够坚强吗？不经历风雨难见彩虹，所以我一时无法判断。但从你们的学长身上，我发现一些人不够坚强，甚至可以说脆弱，极个别的脆弱到因一时的失败和失恋而不惜放弃生命，为此我专门做过"我对生命的感悟"的演讲。

什么是坚强？当你面对困难、挫折和失败时，如果能勇敢面对、泰然处之，这就是坚强；如果能百折不挠、永不放弃，这就是坚强。

如何学会和变得坚强？任何人都无法教给你，唯有你自己。不过，我想让同学们知道：困难和失败与顺利和成功一样，都是人生不可缺少的组成部分，就像人之双足、鸟之双翼。孟子说：天将降大任于斯人也，必先苦其心志，劳其筋骨，饿其体肤，空乏其身，行拂乱其所为，所以动心忍性，曾益其所不能。所以，欲成大事者，不仅能勇敢面对困难和失败，而且对困难和失败的尊重超过了对成功和荣誉的尊重，因为只有经历过困难、失败而取得的成功和荣誉才弥足珍贵，才值得庆贺和纪念。看看那些真正的勇士，无不是困难和失败所造就。即使对于大多数普通人来说，如果能勇于面对困难和失败，也会使人生变得丰富多彩。就整个人类来说，正是凭借克服重重困难和战胜无数失败，才从远古走到今天并迈向未来。从这个意义上说，困难和失

9

败是"上帝"送给人类的珍贵礼物。

第三，要学会合作。

人类是群居动物；只要有两个人以上相处，就有分工合作。分工合作是一种博弈均衡，它可使集体及个人的利益最大化。一只蚂蚁是多么渺小，但一支合作有序的蚂蚁团队甚至可以战胜狮子。对于我们来说，学会合作不仅是成功度过大学生活的基础，也是步入社会走向成功的必要条件。所以，我们在大学里要学会合作。

在大学里，有许多方面和场合需要合作：在教室里、操场上，在任何组织里，在任何活动中。然而，并不是每一个人都积极、自愿地展开合作，甚至矛盾和冲突时有发生。

我认为，有两种心理状态妨碍了我们的合作：自大和自卑。自大，即妄自尊大，自认高人一等，有自我的优越感，处事"以我为中心"。这种心理可能来源于所处的环境：在家里，你是太阳，在班级，你是圆心。自卑，即妄自菲薄，自认低人一等，有失落感，为人处事往往离群索居，偏于一隅。这种心理除了环境因素，可能更多地来源于性格。

要尽快转变这两种心理状态。每个人都要明白：人生来平等，即没有人更高贵，也没有人更低贱；每个人都要尽早明白：大学同学之间是一种最为平等、真挚、不带功利色彩的人际关系，自从你踏进大学的校门，你们彼此之间就深深地烙上了同学的印迹，这种同学友情随着时间的延续而愈加珍贵。当我们每个人都持有这样一种平等的价值观，就会放弃自大和自卑，就没有理由拒绝合作。

第四，要学会爱。

爱是最美好的语言，是最崇高的心理模式和行为规范。因此，我们在大学里要努力学会爱：爱同学、爱老师、爱班级、爱学校、爱祖国、爱自然、爱一切美好的事物。

爱来源于人类的善良。爱的基础是平等和尊重，如果你缺乏平等和尊重之心，你将无法实现爱；如果你漠视穷人，讨厌老者，你无法爱；如果你冷眼伤残、歧视病人，你无法爱；如果你不尊重草木山水、花鸟鱼虫，你无法爱。爱的本质是奉献，是给予而不图回报。爱并非总是惊天动地，爱往往体现在诸多日常小事之中，爱就在你身边：只要你处处为别人着想，事事想着帮助别人，随时都能实现爱。就连一句真诚的问好也充满了爱。经济学院有个优秀的社团组织"春雨爱心工作室"，成立 6 年来做了许多好事、善事。你们的学长们已经这样做了，我希望你们能够接过爱的火炬，一届一届永久地传承下去。

爱是辩证的，当你爱别人的时候，你会得到更多的爱；爱是互惠的，当你把爱付诸行动后，你会感到欣慰和快乐，你会净化自己的灵魂，你会变得无私而伟大。因此，有人说：赠人玫瑰，手留余香。所以，我希望同学们为了别人，更多的是为自己，学会爱。

4 年之后，当同学们毕业的时候，你们不仅学习成绩优异，还学会了独立、学会了坚强、学会了合作、学会了爱。如果是这样，你可以自豪地说："我毕业了，我是一名合格的大学生，我已经完成了人生赋予我这个阶段的使命，我已准备好迎接步入社会的挑战！"

1. 初登象牙塔

　　大学生活是人生中一段最美好的时光；当你带着憧憬与梦想跨入大学校园时，会有许多发现与欣喜。然而与此同时，不少新同学会产生不适、迷茫甚至困惑。18 岁的你远离亲人、朋友和熟悉的环境，进入一个完全陌生的、充满机遇和挑战的新环境，这对适应能力、学习能力和应变能力都是一个不小的考验。这里讲述的就是初进大学校门发生的一系列故事。

千里之外高粱白

地球人都知道，学长高粱白是我的好哥们。如果要追溯我们的友谊是什么时候开始的，那一定得从入大学报到那天说起。

我的家乡是千里之外一个被高山峻岭包围的小镇，我从来没出过远门。生性腼腆的我，在来大学时曾恳请父亲同行，然而父亲操着浓重的乡音对我说："娃，你都这么大了，雏鸟也该自己飞喽。"

带着简单的行囊，伴随 21 个小时火车的铿锵，我终于看见了"沈阳站"几个大字。随着拥挤的人流，我来到了一个巨大的广场，数不清的人南来北往。远处是高楼耸立，近处是鳞次栉比的报亭、商铺，宽阔的马路上各种车辆拥挤而有序……面对这场面，我心头一阵恐慌袭来，茫茫然不知所措。

"同学，你是来蒲河大学报到的新生吗？"

面前站着一位留着板寸、穿着一身运动服的同龄人。一张笑脸如此时秋日的阳光一般灿烂。

"你是……我……"我本能地保持着对陌生人的警惕。

"我是蒲河大学接新生的志愿者，你是新生吗？"

"是啊，是啊！"我仿佛看见了亲人一般。

"你好！我叫高粱白。跟我来吧。"

他热情地接过我的行李，带我来到"欢迎蒲河大学新生"的横幅下。那里已集聚了许多如我一般青涩的新生和一地的行李。随后，高粱白领着我上了接新生的校车。

"刚才太吵，还没来得及正式认识一下，我叫高粱白，经济学院大三金融专业的。还不知道你叫什么名字？"一上车高粱白就打开了话匣子。我简单地介绍了自己。当他知道我是第一次来沈阳立即兴奋了起来："你第一次来啊？那我可得好好给你介绍介绍。我们现在走的这条路叫北京路，对面的古典式建筑是市政府……东边的红色围墙是北陵公园，它的'主人'是清朝第一个皇帝皇太极……现在路过的是蒲河师范大学，紧挨着它的是蒲河航空大学。马上就到我们学校了，你快看那个大门，那就是咱们学校！"

我顺着高粱白指的方向望去，远远地看到了一座巨大的校门，校门的两侧延伸出回廊，校门上方正中写着"蒲河大学"。砖红色的建筑那么宏伟，在午后阳光的照射下庄严而典雅。那一刻我仿佛听到了自己心跳的声音，这就是我梦想中的大学啊！

校车驶进校门，迎面看到一片松林。松林过后是一片偌大的草坪，两侧的建筑别具特色。高粱白骄傲地说："听说，咱们学校的建筑可都是乌克兰风格的哟，很有国际范儿！"

一个轻轻的刹车，校车缓缓停了下来。只见路边整齐地摆放着长桌，长桌上方是标着学院的旗子。高粱白将我领到了经济学院报到处，学哥学姐们热情相迎。在梁白兄的指导下，我拿出录取通知书，简单填了表，领取了门钥匙，又在路边买了脸盆、毛巾之类的生活用品。到了寝室门口，梁白兄说："学弟，我还要去车站接新同学，咱们回头见！"

我一时木讷，只是摆了摆手。但从那时起，他在我心中已成为了好哥们儿。

【辅导员说】

新同学都是带着憧憬、好奇来到大学的。在报到的那一刻，你会真真切切地感受到不一样：新的开始，新的生活、新的朋友、新的征程……一切都是新的。这个时候，你只需要敞开你的双臂，去迎接、去拥抱你的新世界！

竞聘"班官儿"的情景剧

情景一，军训间歇，小操场树荫下

"同学们，明天晚上在博文楼212教室，辅导员老师要给咱们开班会！"班级临时负责人站在队列前大声宣布。

"大学也有班会啊？""开班会干什么啊？还是晚上，老师不下班吗？""哇噻，班会！从高三就没开过班会啦！"……听说班会的消息，班里一下炸开了锅，使得本来就喧闹的间歇更加热闹了。

情景二，C3—108寝室

"萌萌，明天开班会你穿什么去啊？"

"又不是选秀，搞那么正式干啥？"

"不是说明天班会要竞选班委，慧姐在写演讲稿呢。"

"我又不竞选。"

"不竞选也可以看看咱们的刘大帅啊！他长得太帅了！"

"他还帅啊？我觉得李小俊更帅！"

"哈哈，你看你俩那个花痴样！"

"怎么了，又不是高中了。小晴，你看我穿这个好看不？大芳、慧姐，你俩也快点为明天准备一下啊！"

"哇噻，咱们寝室要出个'官儿'可就圆满啦，哈哈！"

情景三，博文楼212班会现场

"同学们，大家好，我是你们的辅导员王梦怡。"

这是第一次近距离观察辅导员老师，大家有些小小的沸腾。"哇！老师好年轻啊！""这么年轻就当大学老师了？""能叫她姐姐吗？"……

"好了，同学们，我们的班会要开始了……"

辅导员老师简要介绍了学校和学院在学习、考试以及日常管理等各方面的规章制度，并简单总结了军训期间大家的表现情况。

"下面，今天的重头戏要开始了——选聘班委！记得有人和我说过'你不去试一试，你永远不知道自己是什么样子的'。我希望，大家都拿出勇气，积极参加竞选！下面，想要参加今天竞选的请举手！"

停顿片刻，辅导员老师接着说："好，只有举手的同学能参加竞聘！这是对你们勇气的嘉奖！下面请竞聘者上台讲演。"

"大家好，我今天想要竞聘班长这个职务，我希望大家能给力地支持我……"

"我想竞选学习委员，尽管我学习不是最好的，但我一定用我的热情打动大家……"

……

竞聘过程并没有想象中的硝烟四起，而是充满了平和与轻松。每个演讲的人都对自己的优势做了介绍，并对班级的未来进行了展望，大家的共同愿望是共同努力将班级建设好……第一届班委就在这和谐的氛围中产生了。

情景四，C3－108 寝室

"慧姐，你今天太棒了，简直是我心中的女神啊！"

"萌萌，看你说的。"慧姐脸红了。

"哈哈，团支书大人竞选都不脸红，现在脸红啥？"

"你们别拿我打趣了！我当时站在台上紧张得差点晕过去。"

"哈哈，我们的团支书慧姐大人，你真紧张啊？"

"就是就是，在我们心里你就是那天不怕地不怕的'女汉子'啊！"

"女汉子，还不谢过姐妹们的大力支持！"

"好吧，好吧！谢谢你们的支持啊！小女子这厢谢过啦！"

"哈哈哈"……"哈哈哈"……

108寝室的欢笑声传遍了走廊。

【辅导员说】

在大学里，做学生干部可以锻炼组织策划、语言表达、沟通协调等多方面的能力，为以后步入社会提供一次锻炼的机会。但是，这种机会不是人人都能够抓住的，它是给那些有勇气、敢于争取的人准备的，而孤芳自赏、轻言放弃、没有勇气展示自我的人一定会失去这个机会。文中的主人公"慧姐"把握住了这次机会，我们欣赏她的勇气。

【名言经典】

当一个人敢于用自己来冒险、敢于体验新的生活方式时，他就有可能变化和发展。

——赫伯特·奥托

与图书馆的第一次亲密接触

"老大，入学这么多天了，待在寝室里好闷啊，想个法子解解闷呗！"

"就是，老大，有什么好主意没，你点子最多！"

"别扯了，我哪有什么主意，我也闷啊。"

"我说，要不咱们去图书馆看看，隔壁寝室的前几天去了，说挺好的呢。"

"哈哈，老大你看还是娟子有想法！"

"那还等什么，走啊！"

老大一声令下，寝室的姐妹们立即穿戴整齐，向学校图书馆出发了。学校的图书馆真是气派，外面的台阶能直接通向 2 楼，姐妹几个昂首走在宽大的台阶上，立即感觉自己的知性气质得到了提升。可是一进图书馆的大门，几个丫头就蒙圈了：一排机器挡在了面前，研究了半天也没整明白该怎么进。这图书馆的门不太好进啊！

还是老大比较沉稳，面对这样的局势首先冷静了下来，说："等等，咱们观察下看别人怎么进。"姐妹几个退到了一边。

这时，径直走来了个高个儿男生，只见他拿着一张貌似 IP 卡的东西在机器前划了一下，那门就自动打开了。哦！姐妹几个恍然大悟，忙乱中竟忘了那张入学时办理的的校园卡。

"哈哈，我先来。"娟子找出她的校园卡学着刚才男生的样子像模像样地一刷，果然开了。其他三个丫头胆子大了起来，如法炮制相继

"过了关"。

"怎么走啊？"

"不知道啊。"

"等等，你们看这左边是还书处，右边肯定是借书处。"

"还是老大智慧！"

几个丫头便向右面走去，可是进了门，几个丫头又傻眼了——这明明是个咖啡店啊！这是怎么个事情？这么大个学校，怎么图书馆没书啊？

"你们想喝点儿什么？"店家热情地问道。

"我们想去借书……"

"哈哈，你们是新生吧，第一次来？"

几个女孩用力点点头，合计合计又摇摇头。

"这里是图书馆的休闲区，你们以后看书、学习累了可以来这放松一下。这一层是2楼，有还书处和计算机房，这里上网很便宜1块钱1小时。如果要借书和阅览杂志报刊需要到3、4、5、6楼，1楼和7楼是自习室。这里借书是不花钱的，但是要按时间归还，否则过了期要罚款的。"

"嗯，谢谢老板。"

"亲们，要不我们在这休息休息再去借书？"

"好啊，好啊！"

几个女孩开开心心地点了咖啡又和老板聊了一会儿，更加详细地知道了图书馆的布局，最终她们决定去5楼看看小说，顺便借几本小说打发下闲暇的时光。

……

进入了借阅区，几个女孩嘴巴张成了O型，长这么大也没见过这么多的图书，一排排书架上满满的，太壮观了，简直和电视剧里演的一模一样！不知道会不会和电视剧里一样也能有点浪漫的故事出现呢？

"原来学校还有这么高端大气上档次的地方呀！"在寝室里一直不爱说话的小雅都不禁称赞了起来。

"记得犹太人教育自己的孩子说'书是甜的'，我看在这图书馆里的书是香的啊！"娟子又开始感叹了。

"开始行动！"老大一声令下，自己跑到了喜欢的国外侦探系列的书架前开始淘起宝来……

【辅导员说】

图书馆是取之不尽的宝藏，充分利用好图书馆里的书籍资料，对于大学四年的学习乃至一生都会有很大的帮助。读书不应只局限于本专业，还要趁着年轻多阅览一些其他领域的书。可以挑选自己喜欢、感兴趣的书；也可以"磨炼"自己，找一些专业性强，有理论深度的书；当然还可以和师长、同学交流，互相推荐优秀书目。

大学图书馆是学校的文献信息中心。徜徉图书馆，可以提高自学能力和钻研能力，启迪思想，增长知识，开阔视野，改善自己的知识结构和技能水平，这一过程并不枯燥无味，而是充满乐趣的。

【名言经典】

一本书像一艘船，带领我们从狭隘的地方驶向生活的无限广阔的海洋。

——凯勒

初登大雅之堂

两周的军训终于在昨天画上了句号，而今天是个值得纪念的日子，因为今天我上了大学里的第一堂课。

说不好今天的心情，从昨天晚上就有些辗转反侧睡不着，想象着大学课堂的样子。在电视里大学课堂人都是满满的，就合计明天早点儿去占个靠前的座位，看看大学里知识渊博老教授的"风姿"，越想越激动，越激动越睡不着，有点儿像刚来蒲河大学的那天晚上。

……

早上 5：30 我就醒了，寝室哥儿们还都在贪婪地"和周公约会"，我也不好意思起得太早，翻来滚去，翻去滚来，终于熬到了 6：15，我实在躺不住了，翻身下床，准备洗漱。大勇眯缝着眼睛看看我："强子，你疯了？刚军训完，起这么早干吗？"

"上课啊，今天是咱们第一节课——政治经济学。"

"不是八点半上课吗，这才几点？"

"早点去，占个座。你不知道大学里上课都是占座的吗？"

"真的假的？"阿磊也揉揉自己睁不开的小眼睛。

"你没看过电视啊？同志们，起床吧，第一节课需要我们去占领属于我们的位置！"

在我激昂的鼓舞下，寝室四人组神速地起床、洗漱、吃早饭，然后直奔教室，此时是 7：40。

一进教室，我就觉得今天的想法有点偏激了，偌大的教室里一共没有几个人，大勇看看我："失策不？"我无奈地耸耸肩："谁知道他们上课咋这么不积极啊。"我们几个选了前面偏左的位置，大勇说按网上这是"屌丝"坐的位置。哎，屌丝就屌丝吧，就这儿啦。

很快，陆续来的同学把原本空荡的教室挤满了。上课铃声响起，8：30了，可是没有老教授的身影。难道是大学老师都大牌，不用按时来上课吗？也太不拿我们当盘儿菜了！由于人多，大家互相聊着，乱哄哄的。

这时，一个纤细的声音从讲台传出："同学们，静一静。"教室安静了，我顺着声音望去，一个年轻女孩站在讲台前，我想这一定是给教授配的助教，教授要登场啦！

"大家好，我叫林清，从今天开始我将给你们讲授这学期的政治经济学课程。"

"不是吧！这么年轻？""什么情况？""大学里辅导员年轻，讲课老师也这么年轻啊？"……台下，一阵低声议论。

"各位同学，静一静，我先做个自我介绍吧，我毕业于蒲河大学经济学院政治经济学专业，博士，从读博开始教这门课，如今已经6年了……"

6年，我的天啊，这么年轻已经讲过6年的课了，真是太厉害啦。后面林老师说的我有的不太明白，依稀听见什么CSSCI、课题等等一些乱糟糟的东西。林老师一席话，彻底颠覆了我对大学课堂的整体认知。原来，站在讲台上的也可以是知识渊博的美女……

我正沉思，忽然听见："我需要一个课代表来协助我的工作，哪位同学愿意请举一下手。"大勇掐了我一把，我条件反射似的把手举了起来，更巧的是林老师随意一瞥看到了我，就说："好吧，那就你吧。"我就这么莫名其妙地成为了林老师的课代表。大勇一直在向我挤眼表示祝贺。这哥们儿，太有才了，也不知道是为我好还是坑我，也许我有学霸的潜质吧。

课堂的正式内容开始了："你们知道三国演义的第一句话是什么吗？"

24

没想到林老师竟然这么开头儿。一个女孩爽朗地说："论天下大事分久必合、合久必分。"

"对的，经济学讲的其实也是这个道理……"

原本以为会很枯燥的政治经济学，让林老师这么一说反而吸引了我，她不断地举起生活中的例子，一个接一个，而每一个又蕴含了经济学原理。她说，第一堂课就是让我们产生对经济学的兴趣；她说，课本的很多东西看起来很无聊，但要多领悟；她说，大学是我们自学的开始，希望我们能喜欢上这个学科……

其实，来蒲河大学，来经济学院，真的偶然，但冥冥之中又注定了我和这里的缘分，挺大个男的，我觉得我有点矫情了，我就是害怕有一天我会忘了今天，忘了我的第一堂课，但我知道，我不会的……

【辅导员说】

大学有很多"第一次"让人难忘，第一堂课、第一位老师、第一个认识的同学，等等。大学，你来到这里会发现许多事物都和想象中的有出入，不要抱有过高的期望，但又不要丢掉希望。这位同学是幸运的，第一堂课被吸引住，就意味着这门课的学习已经成功了一半。当然，距离最后的成功还需要更多的坚毅和努力。

【名言经典】

兴趣是最好的老师。

——爱因斯坦

一个深广的心灵总是把兴趣的领域推广到无数事物上去。

——黑格尔

25

夏天的困惑

夏天，并不是一个季节，而是我的邻居，也是我的闺蜜。她人如其名，热情开朗。我俩从小一起长大，一起跳皮筋、一起打口袋，情窦初开时互相分享内心的小秘密，因此结下深厚的友谊，直到我们分别考入两所大学才分开。大一寒假回家，我们自然而然地又腻在了一起。然而，我发现夏天跟以前不一样了，她的眉宇间总带着淡淡的忧愁。看着闺蜜整天郁郁寡欢的样子，我很担心，同时心中也充满疑惑：她就读于自己心仪的大学，又学习着自己喜欢的专业，性格随和

的她大学生活应该过得很开心才对，为什么她现在如此沉默寡言呢？终于有一天，夏天向我讲述了她的困惑：

考上大学后，我以为终于解放了。没有老师的监督，没有父母的唠叨，也不用每天都坐在教室里闷头学习了。这种脱离书山题海的轻松生活让我很兴奋。大学校园是丰富多彩的，我加入了几个社团，参加了很多活动，希望自己能够经历得更多，认识更多的朋友，我觉得这才是真正的大学生活。刚开始的时候，很充实，也很开心。可过了一段时间，我突然意识到，我几乎把全部时间都花费在社团活动和与同学交往上了，完全忽略了学习。

我尝试过调整，每天安排一定的时间自习。但是，由于没

有人时时督促，我的生活很快又回到了先前的状态：每天就是和同学、朋友在一起吃饭、K歌，去感兴趣的社团。这样的日子表面上轻松愉快，可我会觉得心里空空的，莫名的烦躁。我清楚自己在学业上落下了很多，可就是没有学习的动力。

在高中的时候，大家学习的内容都是一样的，语数外和综合，我只要努力学好老师指定的科目就行了，不用考虑太多。可是进入大学，老师拿着一大本选课手册让我们自己选课。看着上面眼花缭乱的课程我很茫然，不知道该选哪些课。加上社团活动太多，我没时间去认真了解课程的内容及老师的授课风格，也没去认真分析哪些课程对自己未来的发展更有帮助。选课时我跟着其他同学随意选了几门课。可是课程开讲我发现，有的课程和老师的风格都不是我喜欢的。

渐渐地我开始厌倦上课，有时候甚至会逃课。期末考试的时候，我有两门课程没及格。虽然考前我就知道自己会挂科，但是，成绩公布之后我还是无法面对。我不知道自己怎么了，曾经的那个爱学习的我哪去啦？我很难接受，又不知道该怎样解决。

【辅导员说】

探索、掌握学习的规律并找到适合自己的学习模式是大学必经的过程。初入大学，应尽快完成由高中"跟随式学习"到大学"主动自学式"学习的转换。首先，要明确学习的目标，只有目标正确而明晰才能有动力；其次，必须尽快了解大学的学习规律并找到适合自己的方法；第三，要为自己量身定做一份学习计划，它会帮助你协调好学习与课外活动的时间。大学的学习模式提供了很多自由选择的空间，什么才是适合你的，去认真地摸索吧！

我的寝室谁做主

东方小白出生在一个并不富裕的家庭，由于父母婚姻破裂，他六岁开始就跟着妈妈、姥姥一起生活。妈妈、姥姥竭力给予小白全方位的呵护，以弥补他缺失的父爱。妈妈和姥姥承担了所有的家务，其中包括小白自己力所能及的叠被子、洗衣服等，更别说什么扫地、擦灰等其他活儿了。

大学报到那天，小白把妈妈送出学校大门的那一刻感觉如释重负，一转身就把妈妈的百般叮咛抛在了脑后。他万分的轻松，终于没有人在他耳边啰唆了，再也不会有人管着了。他梦寐以求的、逍遥自在的、随心所欲的大学生活终于开始了。

可是小白很快就发现大学生活并不如想象中那般美好。寝室同学好像不太友善，他打游戏回寝晚，没人为他留灯；他早上起不来，上课没人为他占座……他觉得室友好像在故意疏远他。但是小白不在乎，他这样一个人独往独来更好。在游戏的世界中，小白似乎能获得现实生活中他无法获得的一切。

小白的现实生活却不怎么舒服。热水要天天打，衣服穿过了要洗，鞋穿久了要刷……这些日常生活琐事在他看来简直不可忍受。最开始东方小白总是蹭寝室同学的热水，后来看出人家不乐意，便偷偷用学校明令禁止的"热得快"在寝室里烧水，有两次被宿舍管理员发现，连累整个寝室被通报批评；换下的衣服总要攒一大堆，才拿到学校公用的洗衣机里大洗一次，洗过的衣服占满寝室的衣架；不爱去食堂打饭，他就天天叫外卖，把吃过的一次性饭盒堆在墙角，寝室被他弄得一股酸臭味；他在寝室里抽烟，搞得寝室烟雾缭绕的；对寝室卫生值日表，小白不屑一顾，宣称："我在家都什么也不干，怎么能到学校给你们一帮人当仆人呀！"……小白的作为彻底地激怒了室友，室友一同找到辅导员老师要求将小白调到别的寝室。

【辅导员说】

对于很多独生子女来说，大学寝室的集体生活是陌生而新鲜的。一个小小的空间里住几个人，这就需要室友之间的相互理解、相互尊重、相互包容、相互帮助。由于家长的溺爱及对生活琐事的包办，东方小白并未形成独立生活的能力，又不知道如何在集体生活中考虑他人的感受、与他人合作、尊重他人。他的行为已经深深地影响、伤害到了同寝室的同学。在入大学后的集体生活中尽早地学会独立、学会尊重自己与他人，很好地融入到集体的生活中，收获成长与友情。

云朵里的梦

大学不仅是神圣的知识殿堂，也是一个复杂的小社会。在这个神圣与复杂的空间里，包含了太多人的梦想与期许。

云一朵，来自广袤草原的女孩。一朵的妈妈说："草原上最美的就是天边的云朵。"她想把这最美好的东西送给女儿，于是这个姓云的家族就多了一朵小云彩。一朵是村里唯一走出草原的大学生，是全村的骄傲。草原虽然美丽，但是相比城市，牧

民的生活并不富裕，一朵希望通过自己的努力改变自己与家里的生活。

虽然在入学前已经做好了思想准备，但一进入大学，一朵还是被眼前的现实弄得头晕眼花：她搞不懂为什么室友许文娜天天对着电脑又说又笑（语音聊天），还总能收到外地寄来的礼物（淘宝购物）；她不明白为什么室友林小可出门之前要在眼睛上面画上黑黑的、粗粗的一条线（画眼线），并用胶水在眼皮上贴一条黑毛毛（粘睫毛）……其实，许文娜和林小可都很友善，并没有看不起一朵，还经常夸赞她优秀、坚毅。可是敏感的一朵总是觉得跟城里的孩子比自己很笨，什么都不懂。此外，自己的生活费不多，尽管已经花得很仔细了，但无

法像许文娜和林小可那样随便买东西，而只能一个人偷偷地跑到其他同学都不去的低档市场去选购。一朵觉得自己的穿着不好看，所以她总是低头走路，怕别人说自己土气。就这样，自卑在一朵的心底悄悄地扎了根。还好，寝室里还有一个同她一样从农村出来的刘凤凤，只有与凤凤在一起时一朵才觉得自在。

许文娜和林小可看出了一朵和凤凤的心思，就想找个机会和这两个农村女孩儿好好谈谈。直到有一天，云一朵和刘凤凤要去逛街，许文娜拦住了她们说："亲爱的，我给你俩推荐个好地方！"一朵的心突然一紧，她怕许文娜推荐的地方东西贵，自己买不起。文娜是个细心的女孩，她已经看出了一朵的忐忑，于是从衣柜里拿出了一件很漂亮的衣服说："你们看看这件衣服好看不？不是我显摆哟，这是我花30块钱淘来的！"

"别逗了，你的衣服都是名牌，怎么可能这么便宜啊！"刘凤凤质疑地说。

"哈哈，其实我和小可的衣服大部分都是在网上淘的！"

"都可便宜啦！"林小可凑过来说。

看着一朵和凤凤又惊讶又疑惑的表情，文娜打开电脑，点击进入购物网站。网上的衣物既漂亮时尚，又物美价廉，云一朵和刘凤凤一时看呆了……

小可对一朵和凤凤说："我给你俩化个妆吧，你看一朵的眼睛多漂亮，凤凤的鼻梁挺挺的，真好看。"

"我吗？"一朵和凤凤异口同声地说。一朵看看镜子里的自己，低下了头。

"来吧，来吧，保证好看！文娜你来帮忙哟！"

31

"好，我来啦！"

半个小时后……

"哇噻，不是吧，你看看你们俩，平时埋没了，大美女啊！"

"可不呗，走，咱们出去走走，让大家看看咱寝室的四大美女出动啦，哈哈哈。"

云一朵静静地看镜子里的自己，她从来没想过稍加修饰，自己的变化这么大！而且，这种改变并不仅仅是外表上的，也是内心的改变。她，原来也可这样美丽！这一天，是一朵上大学后最开心的一天。

……

云一朵突然明白了，虽然每个人的生活境遇不一样，但是谁都有梦想。一朵坚定了通过自己的努力改变自己与家里生活的梦想。她想只要自己不懈努力，梦想一定会实现。梦想，可能有千种万种，但是她只想选择这一个。

现在的一朵自信多了，她非常感谢她的室友们；正是由于她们的守护，她的梦想更加坚定。此刻，她的梦想又多了一点点，那就是等她学成之时要把先进的电子商务技术带到草原去，等将来成功的那一天把寝室的姐妹们请到家乡去……

这就是云朵的梦，一个甜美的梦。

【辅导员说】

其实贫富本不是差距，内心的梦想才是最大的分别。当你被物质蒙蔽了双眼而陷入困局之时，认真地回想一下自己最初的梦想吧，它会为你指引方向。坚定自己最初的信念，无论什么时候，都不要被自卑所打败。加油！

【多知道一点】

写给年轻的你：

1. 让美貌成为你的资本；

2. 试着发现生活里的美；

3. 拥有品位，用心地经营自己；

4. 养成看书的习惯；

5. 跟优秀的有思想的人交朋友；

6. 学会忍耐与宽容；

7. 培养健康的心态，重视自己的身体；

8. 远离泡沫偶像剧，它会让你脆弱。

自负与自卑

学生会部员纳新面试以后……

谁也想不到，笔试成绩第一名的金融系"种子选手"林玉峰居然在面试第一轮就 out 啦！他，怎么就被淘汰了？

林玉峰自己也不相信这个事实，可是事情却实实在在地发生了。下面，我们来看看 B5—425 寝室，林玉峰的室友们在说什么吧……

"这把林玉峰学生会没选上蔫巴了吧，他是挺有能力的，可是不能不管别人的感受啊，总是大包大揽，老师分配的任务从来都是自己从头做到尾，小组讨论的时候也总是抢着说话滔滔不绝……"这是室友艾兵的声音。

胡斌也忍不住了："可不呗，他有点儿太傲了，每一次寝室里有什么活动他总是自作主张，也不和咱们商量，要是说他两句，那还得了，那小暴脾气儿，还不得……"

接下来，艾兵和胡斌俩你一句我一句地数落起林玉峰的种种缺点。

听了半天，寝室长莫克听不下去了："你们别埋汰林玉峰啦，都是一个屋住的哥儿们，他不在，也不能这么说啊，本来这事儿对他打击也挺大了，没看他最近在寝室都没怎么说话吗？其实林玉峰人挺拼，这股劲儿挺值得咱哥儿几个学习的，前一阵子不还自己一个人把咱们扫雪片区没扫净的地方都扫了吗？就是有时候他太自负了，有点听不进别人意见，所以人缘一直不太好。再说，谁身上没点儿问题啊，今晚咱们还是带他出去玩玩，别让他老想这件事啦。"

在与上述平行的时空中发生了与此相关的另外一件事。

"你看那么多人参加面试，竞争多激烈啊！"

"对呀对呀，我也老想去了，可是笔试没通过，对了，蓓蓓，你咋连名都没报呢？高中的你那么优秀，一定能过的呀。"

"哦，我，我肯定……肯定不行，还是算了吧。"夏蓓蓓匆匆应付了一句，头又埋在书里了。

每当别人提起她曾经的优秀，夏蓓蓓总是像被刺了一样，就是那节课，那节口语课……

从小生活在乡下的夏蓓蓓第一次走进大学英语口语课课堂，戴着耳麦，看着电脑屏幕里的动画，别提有多兴奋了。可是一张口，就发现自己与那些城市里长大的同学差距非常大，她开始担心了。

"蓓蓓，老师喊你呢。"同桌代萌萌捅了捅低着头的夏蓓蓓，"啊！"夏蓓蓓这一叫，全班同学都瞅了过来，这一来，夏蓓蓓脸唰地就红了，支支吾吾半天，总算张口了。

"我……我……不对……I……I……"

"哈哈哈，哈哈哈！"

教室里笑开了锅，老师示意不知所措的夏蓓蓓坐下。

从那以后，夏蓓蓓在英语课上头埋得更低了，甚至找借口不上。

"她这个学期都没怎么参加集体活动，挺怕见别人的，也不怎么和我们交流，总是低着头，唉！"夏蓓蓓的同寝代萌萌叹了一口气，"希望她不要那么自卑。"

【辅导员说】

自负和自卑就像天平的两端，而均衡点就是我们说的自信。自信的人充满活力，对自己的能力有正确的判断和把握。自负的人对自己的能力估计过高，不把他人放在眼里；而自卑的人恰恰相反。自负和自卑都会失去朋友：自负的人容易被他人远离，自卑的人则"主动放弃"了交朋友的机会。初入大学，应客观地认识自己，也要尊重他人，这样的大学生活才会和谐美丽、丰富多彩。

【多知道一点】

建立自信小窍门：

1. 挑前面的位子坐。你是否注意到，无论在教室还是各种会议中，后面的座位常常最先被坐满。大部分坐后排的人，都希望自己不"显眼"。而其怕受人注目的原因就是缺乏信心。相反坐在前面则有助于逐步建立起信心。同学们可以试试看，从现在开始就尽量往前坐。

2. 积极自我暗示，相信自己能行。别人能行，相信自己也能行；其他同学能做到的事，相信自己也能做到。要善于激励自己："我行，我能行，我一定行！""我是最好的，我是最棒的！"每天早晨起床后、临睡前各默念几次，上课发言前、做事前、与人交往前，特别是遇到困难时果断、反复地默念。

3. 坚持当众说话，勇敢吐露见解。当众说话是建立自信心最快的手段。在课堂上或公开场合要尽量举手发言。不管回答问题有无把握，是否全面，站起来大胆说，说错了也没关系，只管把自己的想法说出来就行。相信老师和同学们都会为你鼓掌。记住，只要敢讲，就会比那些不敢讲的同学收获大。

【名言经典】

自信是成功的第一秘诀。

——爱默生

　　若想改变人生，首先要改变我们自己。而改变我们自己，首先要正确地认识自己，敢于否定自己。

——微博语录

"希望之花"

我的名字叫阿孜古丽，来自遥远的新疆。在维吾尔语中阿孜古丽是"希望之花"的意思。我知道父亲母亲把我当成了他们的希望，本就不富裕的家一直供我念书，而没让我像村里其他女孩那样读完初中就辍学帮着家里干农活。所以，我一直很努力想让自己成为家里的骄傲。终于，多年的努力有了收获，当烫金的大学录取通知书被邮递员送到家时，父亲激动得说不出话来，只是紧紧握着邮递员的手不住地道谢。而成为哈尔村里第一个女大学生的我，也开始憧憬着那幻想已久的大学生活和村子以外的广阔世界。

炎热的暑期很快就过去了，我踏上远方的征途，坐了两天一夜的火车后，终于来到了学校，虽然旅途十分疲惫，但我的内心却是抑制不住的兴奋与激动。

到了宿舍，已经有先到的两个同学在收拾行李。放下箱子后，内向的我鼓起勇气，以维吾尔族惯有的热情向她们介绍自己："你们好，我叫阿孜古丽，来自新疆，希望和你们成为好朋友。"然后按民族传统礼节微笑点头、鞠躬，并说："萨拉玛里坤。"（维吾尔语中祝福平安的意思）在我打完招呼后，有一个室友用好奇的目光打量了我一下，然后露出了灿烂的微笑。她说："你好，我是吴闻。没想到我会有一个来自新疆的室友！真是太好啦！"另一个室友也走过来说："新疆啊！我旅游去过啊，超极美！"室友们的热情让我少了许多独自在异地的不安。我想，大学生活应该会很美好吧！

但开学之后的几周里，由于生活习惯与性格差异等种种原因，我渐渐不自觉地游离于寝室其他三人之外，而哈尔村曾经的"希望之花"在这里似乎变得有些"孤陋寡闻"：周边人聊的明星时尚在我眼里是如此的陌生，以至于当室友谈到"韩流明星"问及我时，我只能茫然摇头；由于我的普通话发音不标准，所以在班级里也不敢和同学多交流；《大学英语》基本是全英文授课，而因为英语口语基础薄弱，经常一堂课下来我不知道老师在说些什么……这些都让我深深体会到了前所未有的自卑与孤独。如果父母在身边，我是多么想在他们肩头痛哭一场，好好倾诉啊。

不久中秋节到了，在这个代表团圆的节日里，室友有的回家，有的与朋友结伴旅行。由于离家太远，我留在了宿舍。到了晚上，父母亲打电话来了，听到了他们熟悉的声音，欣喜之余，我的泪水也情不自禁地涌出来。当他们问我在学校生活适不适应，我忍着不让声音带着哭腔，用维吾尔语回答他们一切都好。挂了电话之后，我打开窗子，望着深蓝天空中的满月，陷入了深深的思念：现在哈尔村的男女老少应该正吃着馕、喝着醇香的奶茶，对着月亮唱着赞歌吧？九月是葡萄的收获期，今年村里的葡萄丰收了吗？隔壁的努尔大叔又给村里的小孩讲了阿凡提的哪个故事了呢？……

【辅导员说】

"千里迢迢"有时候不仅仅是指路途的遥远，更是一种找不到归属的寂寥。在大学中，生活习惯的差异、思想观念等的不同让很多同学感到纠结。其实，在那些看似困难的环境中，更需要提高自身的适应能力。要仔细分析自己所处的环境和人群，在保持自己习惯的同时努力做到换位思考。用真诚去感受真诚，用理解去感受理解，用友谊去感受友谊。那么，无论离家多远，都会找到知己，都会打造出一方属于自己的天地。

39

2. 寻找心中的北斗星

  远古时代人们通过北斗星来确定方位。科技发达的现代，人们虽然不再需要仰望星空确定方位，但仍然需要找到心中的北斗星：我们生活的目标。目标不仅是奋斗的方向，也是我们动力的来源，其会不断地引导和激励我们勇敢前行。一旦失去目标，人会变得茫然、慵懒、无所事事，甚至沉湎于虚幻的世界。

律政俏佳人

　　林中雪的父亲是一名律师，母亲是大学经济学教授。受父母影响，她对法学和经济学都十分喜爱，并立志有所建树。高中三年的努力换来了林中雪想要的结果：18 岁的她考入蒲河大学经济学院经济学专业。初入象牙塔的她求知若渴，不仅课堂上认真学习，课下也积极探求知识。蒲河大学的图书馆藏书丰富，尤其是

文史类书籍，这让林中雪欣喜不已。于是图书馆成了她最常去的地方，寝室的小姐妹们总是开玩笑地说："我们逛淘宝的时候，小雪在图书馆；我们看韩剧的时候，小雪在图书馆；我们打牌的时候，小雪还是在图书馆，我们小雪的人生不在图书馆就在去图书馆的路上，哈哈。"

　　每天到图书馆，林中雪除了阅读专业课老师课堂提示的参考文献外，还会抽出时间来阅读法律方面的书，虽然法律与自己的专业关联度并不是很强，但她依旧坚持了下来。林中雪很清楚，虽然自己学的是经济学专业，但在能学好课业的前提下学习法律知识是自己从小到大的梦想，而冠以梦想之名的努力是甜蜜而幸福的。她一直觉得美国青春电影《律政俏佳人》里那个独立自主最终获得成功的女大学生艾丽"酷毙"了。

　　一天，林中雪像往常一样去图书馆，无意间在图书馆的宣传栏里

看到了学校关于辅修法律专业第二学位的宣传单。这让林中雪眼中一亮。为了了解详细情况，她找到了辅导员老师。交流中，辅导员老师了解到了林中雪喜爱法律，但毕业后却想从事经济方面的工作后，向她详细介绍了第二学位辅修的一些情况。林中雪告诉老师，自己的课余时间比较多，并没有参加过多的社团活动，算是一个"学术型"学生，进入蒲河大学以来确实学到了很多东西，泡在图书馆的生活也使她乐在其中。蒲河大学学习氛围很好，授课老师都很有水平，重要的是，她在学知识的同时，还与一些优秀的老师和同学有了更多的沟通和交流。辅导员老师听后赞许了她积极向上的态度，认为她十分适合辅修这种学习方式，并且为她分析了辅修的利弊：要从事与辅修专业对口的工作有很大的难度，而且对于一般学生来说辅修可能会造成沉重的课业负担，甚至是造成本专业学习成绩的下降。但对于林中雪这种求知欲强的"学术型"学生，这些问题就不存在了，辅修可以使她学到更多的知识技能，充分挖掘自己的兴趣。辅修专业的学习也许不会在就业时有太多帮助，但有了交叉学科的知识积累和沉淀，在今后的生活和职业生涯中，一定会受益匪浅。

林中雪第二天就报了名。

【辅导员说】

林中雪在学习本专业的同时，从自身兴趣出发，选择了辅修课程的学习，这有助于积累更多样的知识，奠定今后发展的宽厚基础。大学是人生航船的中转站，是踏上梦想阶梯的第一步。由中学阶段规范式的教育转变成大学宽松自由的教育，在这一转变中把握人生方向、寻求适宜的成长之路尤为重要。

【名言经典】

与其用华丽的外衣装饰自己，不如用知识武装自己。

——马克思

静静的生命流淌的河

从高中起，我就开始关注"21世纪杯"全国英语演讲比赛。记得当时还是学校英文广播站的DJ，我常会将往届冠军的音频在节目中播放。一个人在录音室里静静地听着冠军选手们自信优美的演讲，是我高中紧张学习之余的一大享受，在英语的世界里身心得到了极大的放松。从那时起，就暗下决心：我也要当英语演讲冠军。

高考让我来到了蒲河大学，选择了保险专业，虽然学了经济类，但是我一直没有忘记自己的英语冠军梦。上了大学，生活变得精彩而忙碌。大二的时候在报纸上又看见了"21世纪杯"演讲比赛，看着参赛选手的照片，那些陌生的面孔上洋溢着的自信和从容，我从心底里羡慕他们能有这样一个展示自己的舞台。直到大三上学期的一个星期六，我在上网时无意中发现了第十四届"21世纪·联想杯"的报名网站，突然觉得参赛是一件离我很近的事，于是就在两天之内上传了作品报了名，就这样开始了我的比赛之路。

不久我就接到了电话口试，紧接着进入了北方赛区决赛，最后进入了全国决赛。作为一个生平只参加过一次英语演讲比赛（校内组织的）的非英语专业选手，准备全国半决赛和总决赛的演讲稿是我遇到的第一大难题。一开始我觉得，半决赛的大学生就业问题挺好展开论述的，没想到，越是大家熟知的话题，越不好找到新颖的切入口。好不容易写出第一稿，由于内容太空泛，遭到了我的指导教师佳音老师的一顿"炮轰"。离交稿时间越来越近，我又回到了原点，开始跟老师继续讨论命题、看各种相关资料、寻找思路、确定立意。过了多少个跟电脑寸步不离的日子后，我的演讲稿才最终完成了。带着它们，我踏上了上海之旅。

带着一丝憧憬、一丝紧张，但更多的是一种看望一位相识已久的朋友的兴奋。在这里，我见到了著名的《演讲的艺术》的作者Stephen Lucas教授——我一直以来的偶像，以及往届比赛的两位冠军夏鹏和顾秋蓓。紧张的情绪很快就被激动之情冲到了九霄云外，比赛变成了一种享受、一次难得的学习机遇、一段风光无限的旅程。站在讲台上，在观众的目光中，我只想最完美地表达自己的思想，真挚地与观众沟通，做一个真正的演讲者——毕竟演讲的灵魂就是交流。十分钟比赛结束后，我走下讲台和佳音老师紧紧地握手，看到台下老爸老妈自豪的笑容，我知道此时此刻名次已经不再重要，我做到了最好的自己，完成了大学参加一次全国比赛的愿望。所有深夜赶稿的辛苦、去天津参加北方决赛时为了不误车在火车站坐了一夜的寒冷、找不到好的演讲稿结构时的焦急和痛苦，一切的一切在这一刻都值了。

我觉得，人的生命如同一条安静流淌的河流，只有不断地向前流淌，才能到达更远、更辽阔的海洋。

【辅导员说】

上面的故事告诉我们在选择人生目标和未来发展方向时，如果能从自身的条件和兴趣出发，你会做到真正享受理想、享受人生。而且条件越艰苦，你越能找到乐趣，越有满足感。人生的舞台很大，只要有目标，勤努力，哪里都会让你闪耀光芒。

【名言经典】

学问必须合乎自己的兴趣，方才可以得益。

——莎士比亚

【多知道一点】

期望定律：当我们怀有对某件事情非常强烈的期望时，我们所期望的事物就有可能出现。

营销达人王明阳

王明阳来自偏远山区农村家庭，从小就好强的他原本的志向是进入银行，于是在高考填报志愿时毫不犹豫地报考了蒲河大学的金融专业。幸运的是，他被蒲河大学录取了，而不幸的是，录取他的是市场营销专业。王明阳并没有觉得有太多遗憾，毕竟自己高考的成绩就这样。但让他困惑的是对于这个专业缺乏认识，还有一个让他担心的是他自己的家庭经济状况——一年5000多元的学费，还有住宿费和生活费，这可是他们家大半年的收入啊！当父母咬着牙为他凑齐了第一年的学费和部分生活费后，他暗下决心，接下去3年的学费要自己解决。

王明阳觉得挣钱养活自己很重要，但提高能力能为自己毕业找工作积累相关的经验同样重要。因此，他坚持寻找有知识含量的生财之道，除了能挣点儿钱之外，对个人能力的提高也有帮助。"能增长经验提升能力的活儿钱给的少点儿不要紧，不能积累经验提升能力的活儿要尽量少干"，这是王明阳一直以来坚持的原则。

可是什么工作能提高自身的能力呢？英语培训机构校园代理、卖文具、卖电话卡……王明阳做过好几样兼职，自认为能力有一定的提高，但是和自己专业的关系并不是很大。

直到大一那年的暑假，王明阳进入一家网络公司，成为该公司网站建设、推广的业务员，通过电话营销、陌生拜访等方式去接触各类企业。慢慢的，王明阳开始真正爱上了自己所学的营销专业电子商务方向，深深地觉得自己的专业在生活中的应用是如此的广泛。

大二下学期开始，王明阳觉得自己有时间和精力尝试一下创业了。于是，他扎进书堆，开始投入到学习网站开发与管理等网络方面的课程，计划利用投资少、风险小的互联网创业。他说："全国有4300万中小企业，只有50％的企业设有自己的网站，而在这 50％的企业当中又有 50％不懂得网络营销，这中间蕴含着多么大的商机啊！"王明阳与以前所在的网络公司业务经理小王合作，在有"大学城"之称的蒲河新区创办公司，做网站建设、推广和网络营销培训。创业，必须有启动资金，钱从哪里来？王明阳想起了以前的客户韩经理。王明阳主动找到韩经理，为他的企业网站免费做优化推广，提升了该企业网站的搜索排名，订单一下子增加好多，仅仅一个月的时间，纯利润净增 30 万。看到效益的韩经理，立即拿出 15 万元，让王明阳和那位王经理在沈北租了一层楼，装修了教室、多媒体室等，招聘了业务员、客服人员、技术人员。

接着，王明阳开始为一家鞋厂做网络营销。他花 200 多元买了网站的空间和域名，开始优化企业网站，在网上开展宣传销售："我们不用一个业务员，也不花一分钱。"通过网站优化，王明阳的网站在各大搜索引擎的排名一直保持在前，在各大门户网站里面也能检索到他的企业信息。"大部分业务都是在网上谈成的，QQ 聊天是我们的另一项主要工作，与客户聊天推销产品，比打电话的成本低、效果好。"鞋厂的业务量开始不断增加，并逐步建立了两个分厂，接到了一些原本由南方鞋厂代工的业务。随之，不少企业主动找到王明阳，邀请他去做培训，为企业做网络营销推广。

就这样，王明阳不但赚够了大学的后续学费，还成为了家庭的经济来源之一，父母都以他为傲。不仅如此，由于认真学习专业知识，王明阳的成绩在班级也名列前茅，获得了学校一等奖学金。

【辅导员说】

18 岁，标志着一个人的成年；成年就意味着自立。首先是要树立经济独立的意识，尽管你没有固定的经济来源，但你可以勤工俭学、可以贷款、可以向老爸借钱。贫穷或者富有都不应该是你放弃经济独立的理由。王明阳做到了，我们也能做到。

【名言经典】

天行健，君子以自强不息；地势坤，君子以厚德载物。

——《周易》

49

小米的一万种可能

A. 蒲河大学　10号公寓楼　230寝室

——小米，你在看什么书？

——嗯，关于导游的书啊！昨天有人来宣传导游考试，我想去考个导游证！

——你前两天不是还在看司法考试的书吗？考完了吗？

——没有。那个考试要背好多的法律法规，太难了，我放弃了……

——小米，你又放弃啦？

在乐乐摇着头转身的叹息中，我的心猛地沉了一下。是啊，我怎么又放弃了？从什么时候开始我的生活目标动摇不定了呢？

耳边回响起一个声音："你要记得，你的生活有一万种可能。"

从前，我的生活并不是这样的……

B. 蒲阳市第一高中　高三（5）班教室

——小米，你听说体校要来招生了吗？咱们一起练吧，进了体校说不定能参加奥运会呢！

——算了吧，就要高考了，还是好好学习吧！

高考时，我压着分数线被蒲河大学录取，而那位女生进了省体校。前几天，我在电视里看见她在全国运动会中取得了不错的名次。

——小米，老师说的那个美术特长班你有兴趣吗？我们一起去吧，有个特长也挺不错啊！

——还要参加高考呢，还是专心学习吧！

当我为我的分数能够侥幸进入蒲河大学而窃喜的时候，那位男生被蒲河大学的艺术系录取了。他在大一的时候就初露锋芒，获得了省级绘画大赛一等奖。

为什么我一心一意，结果不过如此？

为什么别人三心二意，却收获比我更多？

我的专一是无意义的吧？只知道学习书本会让能力有所缺失吧？最后会变成高分低能的考试机器吧？我不要！

我告诉自己：每个人的一生都有一万种可能。我要寻求我的一万种可能。

C. 蒲河大学　阶梯楼　311 教室

——小米，学校开了个书法班，听说教课的老师名气特别大，我要报名，你去吗？小艾说。

——好啊好啊，我也报名！

尽管我根本不感兴趣，但是为了追寻我的一万种可能，我想去试一试。

——小米，咱们去学拉丁舞吧！据说减肥效果特别好，还能塑造身材呢！阿碧说。

——好啊好啊，我去！

尽管我不需要减肥，不过为了挖掘我的一万种可能，我想去感受一下。

——小米，咱们学雅思吧！茜茜说。

——好啊！

——小米，咱们去参加合唱团吧！笛子说。

——好啊！

……

每次，我的回答都是"好啊"，然后便跟着去尝试那些我并不十分喜欢、也不确定是否对我有益的事情。我觉得好累，可是我告诉自

51

己："这样的生活才够充实，我要尝试我的一万种可能，而且，大家都在尝试啊！"

但是，我没注意到——小艾只报了书法班，并每天刻苦练习，水平日益精进；阿碧一直喜欢跳舞，学校的晚会上看见了她优美的舞姿；茜茜从高中开始就计划出国留学；笛子的梦想是成为一名歌手，他希望有更多的人听到他的歌声……

D. 蒲河大学　10 号公寓楼　230 寝室

——乐乐，难道你不知道每个人的人生都有一万种可能吗？不尝试怎么知道自己的天分在哪里呢？我对乐乐说，也是对我自己说。

——但是，你这种没有目标的变化最终只会有一种结果，那就是一无所获！乐乐的表情好严肃。

我……我不是在尝试我的一万种可能吗？

【辅导员说】

年青的时候多尝试一些兴趣和爱好是好事，但是博而不专、没有持久性的投入很难达到理想的目标。初入大学，展现在每一个同学面前的都是一片广阔的天地，面临着自由的环境和多样的选择机会，而时间是固定的。这时候，需要你尽快明确自己的兴趣所在，然后明确目标，朝着目标不懈追求。如果你也如小米一般，在众多的选择中游移不定，那你可能永远都到达不了理想的彼岸，最终可能是一事无成。

【名言经典】

那些出类拔萃的人，正是在生活的早期就清楚地辨明了自己的方向，并且始终如一地把自己的能力对准这一目标的人。

——爱德华

瓷娃娃要坚强

当我望着令我魂萦梦牵的蒲河大学的校门时，我无法抑制内心的喜悦与兴奋，同时深藏内心的忧虑让我只能尽量慢慢而平静地前行。还好，大学生活的一切都在愉快又平静的氛围中度过，只是与同寝室那些爱玩爱笑爱 PARTY 的活泼女生相比，我很"宅"。

在室友姚晴晴向我发出"第一百零一次"共同出游的邀请之后，我实在难以面对此般盛情，也再找不出推脱的借口，只能选择向她和盘托出。

18 年前的冬天，我降临于这个世界，五分钟之后，我的妹妹也出生了。

双生胎孩子对于大多数家庭来说是梦寐以求的事情，但是很多人不知道双胞胎患先天性疾病的概率是远远高于单胎的。而我，不幸地成为了其中的一个。我患有先天性的心脏病，儿时的大部分时间是在医院里度过的。所以那时的记忆大多都以医院为背景，妈妈在医院里常常流泪、爸爸在医院里抱着我哄我入眠、妹妹拉着我的手说："姐姐不哭，姐姐坚强！"……手术治疗的成功使我生命无碍，却无法给我像其他同龄孩子一样健康的身体。我不能做剧烈的活动，甚至不能情绪激动。我像一个陶瓷娃娃一样静静地待在家里静养，透过窗子我看见别的孩子们跑啊跳啊叫呀笑啊，他们是那么的快乐。可是快乐是他们的，与我无关。

听着我的讲述，姚晴晴从疑惑、吃惊到怜悯……这些表情我早已司空见惯。是啊，面对我这样一个不幸的人，除了惊讶怜悯还能怎样呢？也正是因为这样，我才选择了"宅"。每天宅在自己的小世界里，不用感受来自他人的目光，无论我的心快乐与否，至少它是安全的。我一直都认为这就是我生活的全部，是最适合我的生活方式。虽然有时候我仍然忍不住会想象在运动场上尽情奔跑是怎样的酣畅淋漓；那些徒步登山的人在抵达山顶时的心情是怎样的畅快爽朗……但我的理智会告诉自己，那不属于我，从来都不，永远都不！

那次的交谈以后，姚晴晴没有再开口邀请我一起出去玩，我终于不用再难为情了。但是我能感觉到姚晴晴对我格外的照顾，她将我当成一个一碰就会碎的瓷娃娃一样，百般呵护。虽然，我的内心充满了感激，却有了一些失落，同时也多了几分对自己的厌恶。

直到一天傍晚，姚晴晴走到面前对我说："陪我出去散步吧。"看着她认真的表情我有些诧异。"晴晴，对不起。你知道我……""我知道，陪我出去走走吧。"没等我的话说完，晴晴就抢着说了起来："我已经查过资料也问过我当医生的表哥了，你的情况是可以适度运动的，只要不做过于剧烈的活动就完全没问题。你看你现在每天宅在屋子里一点运动都不做，这样对身体和睡眠一点好处都没有，要不然你也不会每天晚上都在床上翻来覆去的了！"我眼睛有点儿湿润，我知道晴晴对我已不再是单纯的怜悯。

那天傍晚我和晴晴绕着校园走了一圈，虽然对于其他人来说这点路程不算什么，但是对我来说确实是具有难度的。然而因为晴晴的陪伴，我还是坚持下来了。那天晚上，我几乎躺下就睡着了，我不知道有多久没有睡得这么沉、这么香了。

在晴晴的帮助下，我为自己制定了运动目标。我的运动量慢慢增加，一圈、两圈……我看到了美丽的夕阳、闻到了花朵的幽香，我越来越多地感受到生命的美好。我相信，我一定会好起来的！

【辅导员说】

每个人都是被上帝咬过一口的苹果，所以都是有缺陷的，有的人缺陷比较大，那是因为上帝特别喜爱他的芬芳。先天性的身体缺陷一度使本文的主人公将自己封闭在一个狭小的世界里。但在同学的帮助下，"瓷娃娃"没有被身体上的缺陷所打败，而是为自己的健康确立了坚定的目标。我想这个目标的意义不输于任何一个伟大的目标，因为它蕴含着生命与健康的梦想。

【名言经典】

不因幸运而故步自封，不因厄运而一蹶不振。真正的强者，善于从顺境中找到阴影，从逆境中找到光亮，时时校准自己前进的目标。

——易卜生

人人网上的那些事儿

无题　2012－09－23　8：56（分类：默认分类）

开学有一段时间了，总想写点什么，可又不知道能写些什么作为我刚上大学的纪念。我有时会觉得已经找不到那个曾经的我了，找不到那个不算非常优秀但积极向上的我了。记得高中的时候，我是多么的憧憬这自由自在又绚丽多姿的大学生活啊，可真到了这里，所有的一切似乎全都变了。

来自小城镇的我在大学生活得并不容易，甚至可以说很辛苦——口音、饮食习惯和生活风俗上的种种差异让我无法适应，周围同学的风度翩翩更使我在为之折服的同时暗生从未有过的惴惴不安。我忽然发现我早已不再是那个众人瞩目的焦点了，而成为了茫茫人海中的一

个沙粒。我不知道如果连学习上的优势也失去了的话，那自己还剩下什么。曾经的那个我哪去了呢？我越来越怀念当年忙碌而又充实的高中生活了……

现在真是做什么都没兴趣，不爱和别人交流，不爱上课，即使不能逃的课也不愿意坐在前面，更别说深入到老师讲课的内容了。曾经那个在演讲台上滔滔不绝、口若悬河的我现在甘于坐在角落，只有逛逛贴吧、玩玩游戏才能打发打发无聊的时光。

哎，这就是我的大学吗？这就是大学应该有的样子吗？

较旧一篇：蜗牛　阅读（358）｜评论（45）｜分享（23）评论｜赞

吴镇子：我知道，你是一个追求完美的人，你总是担心自己可能出现的趔趄的脚步影响了这种完美。但我想说，谁都是一样的。在前进的道路中偶尔迷失自我并不可怕，可怕的是从此一蹶不振。

2012—09—23 09：21

于洋：哈哈，哥儿们，咋啦，现在过得不好啊？

2012—09—23 09：25

祥哥在蒲大：阳子，能考上蒲大说明大家都是高中里的佼佼者，站在同一条起跑线上。别人没什么好怕的。我和你一起住了这么长时间还不知道你的实力？只要秀出你自己的风采，一定能够在蒲大有一片天地。沉湎过去不懂放下，就会像我们来路上那片荒地，无人开垦便没有收获。唯有用拼搏证明自己，才能闪耀于更高的舞台。仰望星空同时也得脚踏实地哟。加油，哥会一直支持你。

2012—09—23 09：31

晓晓！小喇叭：大阳，你不是吧，整的这么悲情，还有咱们这帮兄弟姐妹们呢！

2012—09—23 09：40

……

丁阳：回复吴镇子：吴总的回复总是那么高端大气上档次！

2012—09—23 18：22

丁阳：回复于洋：就是心理有点儿别扭，别的还好。

2012—09—23 18：23

丁阳：回复祥哥在蒲大：谢谢哥儿们，我会努力的，找回曾经的那个我！

2012—09—23 18：25

丁阳：回复晓晓！小喇叭：偶尔矫情一回，哈哈，我觉得我应该乐观积极点儿。

2012—09—23 18：26

……

重拾自我 2012—09—30 21：07（分类：默认分类）

谢谢你们，是你们让我重新审视过去那段徘徊的岁月，让我觉悟。

57

现在的我积极参加学校和学院里的各项活动，加入了学院的社团，认识了好多新朋友，他们都说我身上的热情"像小太阳爆炸在身上，让人感觉暖暖的"。至于那曾经困扰一时的心魔，早在前进的道路上被甩得无影无踪了。哈哈，小生在此致谢，再次感谢陪我度过那段艰难日子的你们！晚安。

较旧一篇：无题　阅读（123）│评论（26）│分享（18）评论│赞

【辅导员说】

丁阳一时间的自我迷失，使他曾一度失去了人生的方向，但他及时调整自我，很快就摆脱了迷失的状态，重拾自我。而在现实中会有个别人，因为迷失自我而找不到人生的方向，最终虚度光阴，使得大学四年无所收获。面对自我的迷失，要增强自信，勇往直前，相信总会有一扇窗是为你打开的。

【名言经典】

人生最终的价值在于觉醒和思考的能力，而不只在于生存。

——亚里士多德

毛毛虫的世界在头顶上，蝴蝶的世界在翅膀下，我们无论做什么工作，都会经历一个痛苦的破茧成蝶的过程，与压力共舞，放飞心灵。

——《职来职往》

3. 你找到去知识王国的路了吗？

　　大学是知识的王国，有许多条通往知识王国的路，然而找到真正属于自己的路并不容易。求知的欲望，信念和毅力，加之对大学学习规律的不断探索和领悟，也许是抵达王国的必由之路。

"学霸"李特

"李特，跟你商量个事儿。你以后能不能熄灯就睡觉啊？充电灯太亮了，我睡不好觉。"

"哦，好。"

李特没有做到寝室熄灯就睡觉，只是从此以后，熄灯后他把自己蒙在被子里打着充电灯看书。

"李特，你能早上起来的时候小声点吗？呵呵，那个你的闹表把我吵醒了，这才五点半，对吧，八点半才上课，你起那么早干吗啊！"

"哦，知道了。"

李特并没有改变闹表响起的时间，只是从那以后，李特将闹表设为震动放在枕边。

"李特啊，咱们去打球吧！"

"哦，今天不行，改天再说吧。"

不知道这是他第多少次说"再说吧"，这个"改天"迟迟没有到来。

你猜得没错，李特就是大学校园中传说的"学霸"。关于学霸有很多解释，但是在当下的大学校园里，它代表了那些校园里专于学习、很少参加社会活动、分数很高的学生。当然，李特对此也有自己的理解："就是成绩好的书呆子呗，没啥！"

61

在同学眼中，李特是专业成绩第一名、四次校一等奖学金的获得者；也是一个从不娱乐、从不参加聚餐、从不参加社团活动、没有体育运动，甚至没有爱好的人。他的生活就是每天清晨五点半匆匆拿起书包奔向图书馆、不到图书馆熄灯不肯出来。

但是，李特并不在乎，因为在他心中有一个宏伟而美丽的梦——他想去哈佛读书。哈佛是全美所有大学中的一项王冠，李特希望自己能成为那个戴上王冠的人。为了实现这样的梦想，李特不断地攻克着一个又一个难关。四级、六级、托福……李特知道只有这些还不够，还有 GRE、GMAT，同时还要保证 GPA。其实，李特不是没有爱好，比如他喜欢下围棋，喜欢游泳。但是为了能去哈佛，他放弃了这些爱好，夜以继日地努力学习，希望有一天能够实现那个灿烂的梦想。

看似不知辛劳的学习其实还是会疲惫，会有放弃的念头。有几次，李特也想过放弃，但是他想到自己在网上看到的哈佛大学凌晨四点图书馆里座无虚席的照片，想象自己徜徉在哈佛校园的情景，他咬紧牙，告诉自己要坚持。直到有一天，他在食堂碰到了辅导员老师。

"李特，打好饭，一起吃怎么样？"

"好的，老师！"

"吃这么少而且脸色有些差，怎么啦？"

"老师，没事。"

……

"李特，你有没有想过大学毕业之后要做什么？"

老师的问题让李特一时语塞。

"要不换一个问题，就是你希望自己以后过一种怎样的生活。"

"老师，我……"看着老师柔和的目光，李特突然有一种想倾诉的欲望。"老师，其实我有个梦想，就是去哈佛读书。"

"这真的是一个很好的梦想。你一直以来这么勤奋的学习就是朝着这个目标努力吧？"

"是的，老师。我正在朝着目标努力。"

"那你有没有认真地研究过哈佛喜欢什么样的学生呢？"

"……这个，这个我还没考虑到。我想先把语言关和 GPA 搞定。"

"我建议你全面地了解一下哈佛大学。上哈佛需要成绩好这一点毋庸置疑，但是根据我的了解，哈佛大学并不只看重学习成绩，出众的综合素质和广泛的爱好也是哈佛大学所重视的部分。"

"您说的是综合素质吗？"

"是的。你具备了良好的学习能力，但是在综合能力方面却稍显欠缺。"

"老师……你说得对。我并没有深入思考过哈佛大学的要求，而是凭主观的印象，看来我要全面了解一下哈佛大学了。"

之后的一段时间，李特几乎查阅了所有关于哈佛大学的资料。他发现，广博的知识、丰富的经历、批判性思维、创新能力以及广泛的爱好也是哈佛所看重的。于是，李特开始调整自己的生活重心。在学习上，李特仍然保持着"学霸"的风范，早起、晚睡，用一切可利用的时间学习。只是他拓展了自己的学习范围，经济学、政治学、文化

63

学……他不断地扩展视野，完善知识结构，为去哈佛做最充实的知识准备；另一方面，他重新捡起了自己的爱好：围棋与游泳。在益智健身的同时，疲惫的心情也得到了缓解，学习的热情更加高涨了。同时，为了提升自己的综合素质，李特在辅导员老师的帮助下成立了创业精英学会，组织学会会员学习创业知识，并在专业课老师的指导下进行深入的市场调研，成功地申请到了学校创业基金。

李特在为自己的理想做着全面的准备。他说："不要叫我'学霸'，我更喜欢大家叫我'学习达人'。因为我不只是为了取得好成绩而专注于学习的，我更希望成为一个在学习研究方面很专业的、精于创新的达人。"

【辅导员说】

李特的毅力让我们佩服。相比那些进入大学后失去了继续拼搏动力的同学来说，李特有明确的目标，并且朝着目标不断的努力。但是在目标与毅力之外，我们一定要选择一条达成目标的正确路径。大学里获得知识的途径是多种多样的，阅读学习、实践学习、网络学习等方式都是不错的选择。同时，在学习中要注意劳逸结合，学会自我调节学习压力；不要去做只会死读书的"学霸"，而要做一个具有综合能力的"达人"。坚持梦想，瞄准目标，走正确的路，那么你的大学生活会更加精彩，收获会更为丰厚。

【名言经典】

顽强的毅力可以征服世界上任何一座高峰。

——狄更斯

伟大的成绩和辛勤劳动是成正比例的，有一分劳动就有一分收获，日积月累，从少到多，奇迹就可以创造出来。

——鲁迅

让刻苦成为飞翔的翅膀

在蒲河大学，次仁顿珠衣着普通，除了脸上的"高原红"能证明她来自"世界的屋脊"以外，几乎没有什么能把她和其他女生区别开。可是她并不在意这些，现在能触动她的只有考研了——考取那所她梦寐以求高校的研究生是她四年来的信念所在。要知道在她遥远家乡的小镇还没有出过一个研究生。她深深地了解高原人对于知识的渴望，她忘不了来上大学时妈妈激动的泪水，她也不会忘记当她告诉家人说她决定考研的那一刻大家的激动。这些都是支持她挨过艰苦的复习岁月的强大动力。

刚回到寝室，顿珠就听到室友小佳爽朗的笑声："顿珠你可回来啦！刚刚你不在，我和晶鑫帮你查了考研结果。哇，猜怎么着？果然没辜负我们的期望啊，你居然超过分数线三十多分，真够厉害的！我们寝室'四朵金花'，有三朵即将走向社会，只剩你一朵要继续深造，你可要努力为我们可爱的324寝室增光啊！还记得四年前，我们四个第一次见面……"听着小佳兴高采烈地回忆过去，顿珠的思绪也不禁飘到了刚入学时。

过去的记忆似一本发黄的旧书缓缓展开：顿珠有过两次高考经历，在第一次高考失利的情况下，经过又一年艰苦卓绝的奋战，终于考上了蒲河大学。到了大学之后，很快她就意识到，在跨过高考这座"铁索桥"后，道路也并不完全是平坦的。首先令她感到不安的便是英语学习。由于高中时的英语教学水平有限，顿珠只接受过最基本的读写训练，听说能力基本为零。而大学的英语课堂老师几乎完全用英语讲授，这种教学方式对于顿珠来说简直是在听"天书"。其次让顿珠备受折磨的科目是高等数学。由于数学基础较差，其他同学一点就透的问题，她需要很长时间才理解。顿珠明显觉察到了自己与其他同学的巨大差距。于是，要强的顿珠，下定决心要解决这两个困扰自己的问题，她暗暗鼓励自己："我既然不比别人聪明，也没别人基础好，那我只能选择刻苦，笨鸟先飞，以勤补拙。"从此，顿珠将"刻苦"两个字深深地刻在了心间。

大学四年间，顿珠平常走路都比别人快，因为她要争取更多的时间。在她住的公寓楼有一个自习室，每天晚上，她就在那里学习，直到全楼熄灯。大二时，图书馆成了她周末生活的全部，从开馆一直学习到闭馆。对于高数的学习，她积极寻求老师的帮助，和老师交流。高数老师说："数学在很多方面也是需要记忆的，和文科其实有某些方面的相似。"于是她采用了"另类"的学习数学的方法——将记忆能力用在数学的学习上，真的取得了显著进步。至于英语学习方面，她周一到周五每天早起读英语，并积极参加英语角等活动，每天晚上还要练半个小时的听力。开始时，真题中的听力她只能听得懂一些单词，经过一年的坚持后，她顺利通过了四级，并在大三时以五百多分的成绩通过了六级……想到这里，顿珠的眼睛湿润了。她知道未来的路，那个不比别人聪明，也没别人基础好的自己必须更加刻苦。因为刻苦是她的翅膀，能带着她飞向更高更远的地方。

【辅导员说】

次仁顿珠的知识基础薄弱、又并非特别聪明，但是她坚信勤能补拙。决定一个人成功与否的并不完全是天分，而更多地取决于你的目标、你的行动、你的意志力。不要因为不好的客观条件而止步，不要抱怨自己没有天分，像顿珠那样，稳步前进，梦想终将实现！

【名言经典】

伟大的成绩和辛勤的劳动是成正比的，有一分劳动就有一分收获，日积月累，从少到多，奇迹就可以创造出来。

——鲁迅

  什么叫梦想，什么叫理想，而什么又叫幻想；其实你不必要有所谓的梦想，只要你的心在那儿，所有的梦想都一直属于你；长得美丽不是错误，活得漂亮才不容易。

——《职来职往》

姐妹两地书

姐：

最近工作怎么样？加班多吗？真的很庆幸我还在象牙塔中，否则就要像你一样，整天为各种各样的琐事而苦恼了。

我还是一如既往，虽然有时候也感觉有些无聊，但是大多时候还

是很享受这种生活的，因为自从走出高中那种竞争激烈、视分如命的环境，我就本能地害怕忙碌。而且，高中老师也常说，高考如战场，到了大学就"解放"了。至于考试，在没上大学的时候，就听别人说过："大学考试就是60分万岁，

多一分浪费，少一分作废。"所以我也就把60分作为自己的目标。但是，最近我的这些想法有些动摇了。这些在我看来理所应当的事情，我们寝室其他同学却不这样。尤其是薇薇，她大部分时间都在自习室度过，没事儿就往图书馆跑，几乎每天早上都早起晨读，除了参加的校内活动挺多之外，她的大学生活几乎就和高中没多少区别。我有时候笑称她是"拼命三娘"，而且劝她别天天把自己弄得这么累，可她却不以为然，说这些都是她喜欢做的事情，每天过得充实，并不觉得累。可能是每个人的价值观不同吧，她的观点让我很不能理解，好不容易"解放"了，为什么还要把自己弄得那么忙碌呢？我现在很享受这种"闲"的状态。我很少去自习室，期末考试前在寝室突击一下，

60分过了就行，何必为难自己呢？不过正因为这样，我已经很久没有坐下来安静地看书了，有时候坐下来看书会觉得不适应，但是不看又觉得有点心虚。你说这是为什么呢？

还有，姐，我们学校假期挺长的，等放假，我就到北京找你，咱姐妹好好聚一聚啊。

想你！

妹：晓静
2013 年 12 月 17 日

妹妹：

你好吗？

我现在的工作确实很累，每天要面对各种不同的问题，还经常加班。但是此刻的我和你的室友薇薇一样，乐在其中，因为我们都很喜欢此刻的生活状态，所以并不像你想的那般苦恼。

对你目前的"闲"和"60分万岁"的状态，我有一丝忧虑，我觉得这对你来说，并不是有益的。而且，我相信你并没有在这种百无聊赖的生活中收获到真正快乐，不是吗？

在我看来，你现在首先要做的就是要让自己充实起来，找一些感兴趣的事情去做，而不是整天闲着上网、睡觉，浑浑噩噩，没有目标。至于"60分万岁"，这确实是在大学生中流传的名言，在我还在上大学那会儿就有了。可是，作为一个能够独立思考的成年人，你想想，"60分"只是相对于毕业证书而言是"万岁"的，然而"60分"真的足够让你去应对明天的挑战吗？答案是不言而喻的。"一分耕耘，一分收获"是一个简单浅显的道理，可是为什么像你这样经历过高考洗礼的大学生却不能清醒明白呢？

晓静，不要怪姐给你泼冷水，你的所谓只要"过了就行"，也是一种高风险的游戏。我们都不是神仙，谁能算准卷面的成绩恰好是 60 分，不多也不少呢？一旦发挥失常没能及格，来年补考受苦的可是你自己。你啊，别老想着期末前突击，像高数、英语之类的需要平时积累的科目，靠期末突击是完全行不通的。所以你现在最好还是多向薇薇学习，平时多投入时间去自习。你不是说久坐不适应吗，那现在就从一小时开始，然后等慢慢习惯了，再逐渐延长自习时间，相信你迟早会适应并享受学习的乐趣的。

大学的四年时光是人生中很美好的一段，如果白白浪费是十分可惜的，希望你能尽快认识到这一点，让大学生活变得充实起来。

加油啊，晓静，希望放假的时候能看到你的改变！

姐：晓风

2013 年 12 月 28 日

【辅导员说】

在大学校园中，"60 分万岁"是一部分学生的学习态度，他们乐在其中，享受着闲散的大学生活。而我更赞同姐姐晓风的观点，她是过来人，更加清楚地了解"60 分万岁"思想的危害性。这不仅仅是一种危险的学习态度，更是对人生中最难得、最宝贵的大学时光的浪费与挥霍。都说大学是梦开始的地方，我们应该用一种积极的心态去规划与度过大学生活，努力探索、不断尝试。大学四年的时光对于每个人来说都只有一次，且行且珍惜！

【名言经典】

人生不是一种享乐，而是一桩十分沉重的工作。

——列夫·托尔斯泰

决定我们未来的不是我们的能力和外表，而是我们的选择。

——《职来职往》

"游戏"人生

2013 年 4 月 7 日，周日，阴。

今天做了一天的作业好无聊啊。怎么到了大学比高中还要累呢！一天忙得死去活来的，要是能有点儿好玩的就好了。算了，去 QQ 上聊一会儿天吧。

看见高中同寝室的同学王峰正好在线，就问了几句，免不了叙旧什么的。他问我："嘿嘿，最近还在玩魔兽世界吗"？我："没有啊，哪来那么多时间，一天到晚忙死啦！"

王："嘿嘿，谁让你想要当学霸啊？"

我："我才不想呢，只是不想一个人玩魔兽世界而已，没意思。"

王："是呢，回想以前我们一起玩魔兽的日子，好怀念啊。"

我："哈哈，对啊，我也特别怀念啊！高三那个时候的周末我们都还跑到网吧去玩呢！"

王："哈哈……就是就是，对了，听说魔兽世界如今推出招募系统了，两个招募的人一起玩可以有三倍经验还送坐骑！"

我："对啊，这个很早就有了，怎么，你也想玩啦？"

王："有点儿，我也是一天无聊啊，你知道的，我们这个专业不怎么样，不像你的专业那么好，我也就是混日子而已。"

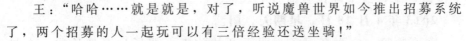

我："好吧，我一天也是无聊，这样吧，我招募你，然后我们一起玩。"

王："当真？"

我："废话！速度速度。"

就这样，我和王峰重回魔兽世界。

2013 年 4 月 8 日，星期一，阴。

招募升级就是快呀！昨天几个小时就升到 20 级了，嗯，今天就先不玩了，还有作业没做呢。我正在做作业的时候，QQ 响了，王峰发语音邀请过来了。

我："干吗？哥在做作业。"

王："做什么作业啊！来玩魔兽啊，今天升到 40 级。"

我："真的有作业，周四要交的。"

王："周四才交，明天再做嘛！"

我："也对哦，好吧好吧，等我。"

就这样，我去了网吧，然后……感觉没过多久就晚上九点了，网管提醒可以开通宵了。

我："我想回去了，明天还上课呢。"

王："哎呀，上个通宵嘛，我们才升几级呢，你看，现在我们很久没玩了，新版本出来好久了，我们不快点升满级的话，装备就越来越不好整啦。"

我："也是，正好我也很久没通宵了。"

于是有了大学以来的第一个通宵。

2013 年 4 月 17 日，星期三，晴。

这逃了几节课微积分咋就感觉学不太懂了呢，算了，不管它，微积分不难，我自己就能看懂，有时间自己自学一下就没问题，明天上午没课，嗯，跟王峰说去通宵吧。

2013 年 4 月 28 日，星期天，阴。

啊，哈哈……太高兴了，明天开始放五一假了！而且长达一个星期。肯定就可以到 90 级满级啦！今晚通宵去。

2013 年 5 月 8 日，星期三，晴。

刷了一个星期的正义点数，终于凑够了荣誉换了一套战场装。可是为什么还是那么弱啊！好吧，肯定是装备差，别人都是竞技场套装了，我这装备的确落后了啊！而且，我怎么感觉战士这个职业不给力啊，猎人多厉害，算了，去玩个猎人吧，现在三倍经验还没结束。叫上王峰一起练猎人去！战士号就随便玩玩得了。

不过，好像有很久没去上课了呢……微积分也一直都没去看，算了，不着急，还有一个多月才期末呢，先把猎人练到满级再说吧，到时候再复习一下应该差不多。

2013 年 5 月 17 日，星期五，阴。

又是周末了，过得挺快呀，好吧，好久没去上计算机课了，今天下午的考试肯定是完蛋了，题都没怎么做，平时课堂分又少了很多，算了吧，别考了。猎人才 85 级呢，周末把猎人练上去吧，然后就开始复习。

2013 年 5 月 19 日，星期天，阴。

猎人终于 90 了，又有一个提升装备的过程，唉……可是，学委来统计订多少复习资料，才想起快考试了，这可怎么办啊！拿着书复习了一下，完全看不懂啊！微积分连讲到哪儿都不知道了，会计学原理也是一窍不通，政治经济学啥都没背……英语好久没去上课了。唉，怎么办，怎么办……难道要挂科了？早知道就不这么疯狂玩魔兽了，现在落到这个地步，唉，怪得了谁呢？记不得从什么时候起，已经把游戏与生活弄混了……

【辅导员说】

在与一名因迷恋网络游戏而不能按时毕业的同学聊天时，他曾经这样说："老师，我很后悔，被游戏玩了四年……"网络给现代人的生活带来了巨大的便利，我们可以很容易地利用它获取最新、最前沿的资讯，可以很便捷地联系异居他乡的亲朋好友……但同时网络也是一把双刃剑，它让很多人沉迷，让很多人陷入虚幻世界不能自拔。大学生要用成熟的思维正确面对网络、合理利用网络，而不要在虚拟空间里虚度青春，浪费生命，断送了美好的前程。

【名言经典】

谁若游戏人生，他就一事无成；谁不主宰自己，永远是一个奴隶。

——歌德

【多知道一点】

除了游戏，网络可以做什么？

大学的学习过程其实也是学术训练的过程。大学课堂不同于高中课堂，在高中课堂上我们需要做的是接受知识，但在大学课堂中我们不仅要接受知识，还要独立思考并发现新问题。在信息"爆炸"的今天，科技快速发展，你需要了解学科最前沿的资讯，阅读大量学术文献。

以下是三个重要的学术信息网站：

中国知网：http：//www. cnki. net

国家图书馆：http：//www. nlc. gov. cn

万方数据平台：http：//www. wanfangdata. com. cn

网络不仅能获取资讯，它还是一个先进的学习平台，以下是两个有趣的学习网站：

大耳朵英语：http：//www. ebigear. com

人大经济论坛：http：//bbs. pinggu. com

师者如灯

或许这张邀请函的样子王伟琪已经幻想过很多次，但是当她真的捧起来时，泪水还是不由自主地流了下来。三天后，伟琪就要去河州参加"挑战杯"的论文答辩了，此刻她又开始想着自己如何在评委面前，展现自己的欢笑、泪水与成长。是啊，从去年的 12 月到今年 5 月，整整半年的准备，值得永远纪念吧，这段紧张充实快乐煎熬的青春时光。

第一次听到"挑战杯"这个名字是在政治经济学课上，当时黄老师只是偶然提及，并轻描淡写地说大一的学生也可以参加一下，权当锻炼一下自己。不想这一句话却在伟琪的心理留下了烙印，久久不能褪去。

那天晚上伟琪像往常一样想着："我也参加一下吧。可是，刚上大一，自己学的专业是怎么回事还没弄明白呢，就参加专业的学术论文大赛，岂不是班门弄斧、自讨苦吃？然而这么好的机会，如果错过就得到大三了，何不抓住它呢？反正被淘汰了也没什么，就当体验嘛。好吧，说干就干。"伟琪一下子从床上蹦了下来，还不小心把熟睡的室友给弄醒了。

"啥事啊，这么晚了还闹，老实坦白，是不是有男生向你表白啊？"

"不是啊，贝贝，是那天黄老师说的挑战杯的事。"

"你想参加吗？我也一直想参加。"

"太好了，那我们一起吧！"

于是两个女生一拍即合，捎带上同样想一展身手的宋紫丽，三人组成了"浩浩荡荡"的挑战杯小组。

可是要怎么做呢？正在三人一筹莫展的时候，宋紫丽提议："我们不如问问黄老师吧。"

第二天上午。

"伟琪啊，有什么事啊？"课下黄老师正收拾完东西准备离开教室，三人把老师给拦住了。

"黄老师，是这样的，我们几个同学想参加挑战杯的学术论文大赛，可是对于怎么准备比赛实在是一头雾水，希望老师能给我们点拨点拨。"

"啊，这样啊，是好事啊，我和你们说说。首先要选择一个能利用你所学的理论并反映社会实际问题的题目，然后去查阅资料和社会调研，接下来……"

听了黄老师的话，三人仿佛找到了正确的路。

一番讨论后，几个同学决定以中国农村信贷制度为研究方向。既然定好了题目，大家开始了在图书馆"奋战"。三人把图书馆第四层社科类的所有相关书籍翻了个遍，记录了大量的笔记。然后从网络上学习了这几年所有的获奖作品，仔细揣摩人家的逻辑叙述方式以及缜密的论证过程。

可是，没有人指点，总觉得心里没有底，于是又拨通了黄老师的电话……

"然后就是你们要多做问卷，多查资料，多看以往的获奖作品，一来是明确写论文的规范格式，二来是了解写作思路，掌握一定的技巧。"

"还要做问卷？"

"对呀，你们写论文一定要有相当充实的实践支持，事实才是最有说服力的证据。"

黄老师不仅指导她们设计问卷，还承诺要给她们修改稿件。

寒假里，当大家都沉浸在过节的喜悦气氛中时，伟琪她们正通过网络分享各自在家乡调查的数据结果，每每接近午夜，常是思想交汇最激烈的时刻。她们时而为一个新的结论而欣喜不已，时而为庞杂无规律可言的数据而夜不能寐，时而为一个论点争得面红耳赤，时而互相勉励。

当再一次春暖花开之际，三人带着已经初具规格的论文返回了学校。黄老师又和她们一起讨论，修改。经过了几周的努力，最后看着那八千字的论文打印在一张张 A4 纸上，看着自己的思想变成"铅字"，一种成就感油然而生。

此刻，河州方向的火车已经开动，伟琪坐在座位上，握着手里那份沉甸甸的论文若有所思，仿佛手里的不再是简简单单的一篇论文，而是一首歌，一首关于青春的赞歌，和着火车的汽笛声唱响着自己的《致青春》。

【辅导员说】

大学里有不少学生对老师敬而远之，甚至 4 年里没有任何交流和沟通，失去了向老师求教的机会，不能不说是一种损失。我们提倡广大同学们积极与老师沟通交流，更好地从老师那里获得指导。

【名言经典】

人非生而知之，孰能无惑？惑而不从师，其为惑也，终不解矣。

——〔唐〕韩愈《师说》

【多知道一点】

与老师沟通的几点小建议：

1. 尊重老师。老师把专业知识无保留地教给学生，如果说希望得到什么回报的话，就是希望看到学生成长、成才。学生应尊敬老师，见到老师礼貌地打声招呼；上课认真听讲，遵守纪律，保质保量完成老师留的作业。尊重老师的劳动，是师生和谐相处的基本前提。

2. 勤学好问，虚心求教。虚心使人进步，老师喜欢虚心好学的学生，愿意和勤于思考的学生交流。我们要善于利用自己身边的资源，而大学里最宝贵的资源就是你身边的老师。不仅在课堂上，你还可以利用课余时间，或者是电子邮件等形式与老师交流。

3. 正确对待老师的欠缺，委婉地提出意见。老师不是完美的，如果他有的观点不正确，或误解了某个同学，甚至有的老师"架子"比

77

较大，或是太严厉，这都是可能的。发现老师的不足宜首先持理解态
度，向老师提意见和建议语气应委婉，时机要适当。

请不要叫我金融达人

18岁的我，来到了这座北方的城市，就读于蒲河大学经济学院金融专业。我打大一起就决定毕业后从事金融业，深知干这行竞争激烈，光有好的考试成绩，满足于当个优等的白面书生，是不行的。于是我暗下决心：除了课堂的知识之外，还要学习更多与之相关的课外知识。

既然是这样，学校的图书馆自然不能放过，在4楼的专业书籍区域，有关经济类的多语种、多国别著作极其丰富。大一的我决定考取期货从业资格证书，在前期的"扫盲"阶段，我利用课余时间，在图书馆阅读了《期货市场技术分析》、《期货交易策略》、《市场轮廓理论》等。若只是应付考取证书的需要，这些未必全涉猎，但如果你打定主意从事金融，就算此类书中所述你不能完全理解和掌握，也必能形成一个朦胧但却初显框架的专业印象，总之是有利而无害的。到了后期，当我回到目的性更为明确的考证教材当中，前期阅读的辅助效果就越发明显起来，也帮助我顺利拿到了期货证书。

除了纸质图书阅读，网络是我了解时代前沿讯息的最佳途径。就我个人的习惯而言，每当打开电脑，就会点开各大网站浏览今日新闻。如果你已将随时随地了解专业知识形成了一种潜意识，自然对财经方面的讯息会格外留意。例如，凤凰网财经类访谈节目《一虎一席谈》，以辩论的方式论说社会热点，十分具有可看性；订阅电子邮件的《华尔街日报》，每周三次发送中英文对照版一周时讯，可通过邮件查收，十分便利；当然不能忘了新浪微博，这是一个讯息变化万千的平台，你能找到许多的资讯，它还有一项特别之处，就是关注经济学家、企业家、财经评论员等，从中能了解作为专业经济类从业人员的观点，结合你自己的理解以评论方式与之呼应或是沟通，也许某一天你的某句惊世言论会因为他们的转发一石激起千层浪。这种网络阅读的习惯，让我十分易于与他人沟通，总有说不完的话题，这也是一个意外的收获吧。

我一直饥渴地从各个渠道汲取着知识与专业信息，但不运用到实践中去终是纸上谈兵，实践是获取、理解专业相关知识最高效的途径，这我们就得借助于实习了。于是，在大二的寒假，我前往香港 AIA 进行了为期七天的实习交流。非常幸运，在 AIA 我遇到了一个非常非常美而且超级能干的 mentor，她叫 Heiley。我们 VIC 是 1 月 21 AIA 的 champion team，那我们是怎么企及这个冠军头衔的呢？其实 BIP 没有大家想象的那么复杂，只要有信心，许多人可以搞定。我们在准备 product launch 时就感觉到，做 presentation 时会有非常多组会很死板地用 ppt 很严肃地进行很 professional 的讲解，这样对于像我们不太了解的一个金融产品，根本就突出不了它的亮点。所以我们决定不走寻常路，花了两天时间弄出一个小品形式的 presentation，而且故事背景还是火得不得了的甄嬛传；用这个方式，我们把产品代入了一个生活的真实场景，诙谐幽默，立即抓住了评委的眼球啦！第二个，就是我们的 business plan 发布，我们是所有 10 个 team 里面唯一没用 ppt 而改用 prezi 进行 presentation 的，花了我和组员小九一个通宵做酷炫成果！这就是我在香港 AIA 的实习经历。

钻研专业知识，从身边寻找机会，理论、信息、实践，这也许就是你攻克就业目标的最好的武器。

请不要叫我"金融达人"，我还在朝这个目标努力。

【辅导员说】

专业知识仅靠课堂是远远不够的。社会在快速发展，课堂可以给我们提供一些专业基础和思辨方式，如果想一毕业后就能与工作岗位接轨，那就需要在课堂之外自己探求其他方式；要想深度掌握专业知识，就需要全面地去学习和实践。记住，努力付出，每一个人都有可能成为"达人"。

【名言经典】

重要的不是知识的数量，而是知识的质量，有些人知道很多很多，但却不知道最有用的东西。

——托尔斯泰

学历是人行道，能力是跑道，人脉是机动车道，思维是王道。

——《职来职往》

图书馆的回忆

瓒珞站在图书馆楼下，仰望那座高楼，呼吸着流动在空气中的墨香，恍惚间又浮现出自己第一次来这里的情景；眨眼间，四年的光阴就这么快要过去了。

记得刚来大学报到，第一眼见到的，就是这七层高的图书馆。那时的瓒珞，还不知道这座高大厚重的建筑，将会在自己的大学生活中有着怎样重要的地位。

当一切都安顿下来后，瓒珞的大学生活正式拉开序幕。第一天上完课后，瓒珞不由自主地来到图书馆，看着"图书馆"三个遒劲有力的大字，抑制不住内心的向往。这是瓒珞第一次走进这栋即将陪伴她四年的高楼。入眼便是一排排的书，静静地摆在朱红色的书架上，似乎连空气中都弥漫着知识的味道。大山里来的瓒珞，从未想到过还有这样的地方，自己想要读的书全都可以找到。瓒珞顿时爱上了图书馆，尔后的四年里，这是瓒珞到的次数最多的地方。

每次老师布置完作业，瓒珞都会来到图书馆，尽情查阅自己需要的资料，一点一点地修正自己作业中的不足。和同学一起做项目时，他们整日地泡在图书馆，一遍一遍地修改着论文和实验报告。瓒珞记得，自己大学的第一篇论文是在这里完成的，第一本专业书是在这里读到的，甚至生命中最美丽的一次邂逅也是在这里发生的……那一排排的书，从经济到文学，从古典到现代，从西方到东方，有新出版的书，也有已绝版的孤本。每一本书，似乎都记载着自己大学学习的点点滴滴；每一本书，似乎都被学子们用渴求的眼神探索过。

瓔珞绕过一排排书架，走到电子计算机广场，这里为她打开的是另一扇知识窗。那时的瓔珞，第一次知道"数字图书馆"的含义，原以为纸质的书籍已经是全部，不曾想小小的电脑之中，竟是比纸质图书更丰富的资源。铺天盖地的电子书，以一个个代码的形式存在于网络之中，等着人们来阅读，轻点开一本书，仿佛静静的屏幕上散发出了幽幽的书香。

这里有着太多太多的回忆，或美好，或意外，每一件都鲜明地刻在脑海中，从未褪色。为了一个座位大清早在图书馆外排队；为了查阅一个资料，翻看了一本又一本；还有期末时，通宵达旦地泡在图书馆里背题的日子以及周末无聊时享受在这里的快乐时光……

瓔珞静静地走过图书馆的角角落落，淡淡地缅怀自己大学四年的时光。看着不时走过的略带青涩的面孔，瓔珞在心中轻道：请你好好珍惜这里的每一本书，用心去阅读它。

【辅导员说】

图书馆是一眼永不枯涸的甘泉，我们可以从中获得知识，感受书中的无限乐趣。作为当代大学生，应充分利用这里的资讯，在有限的大学时光里，通过阅读更加充实和完善自己。

【名言经典】

发奋识遍天下字，立志读尽人间书。

——苏轼

书是人类进步的阶梯。

——高尔基

83

走，我们去听讲座吧

大学为什么有讲座，你是否参加过讲座，一场讲座可能带给你什么？这就是我们新的一期《菁苑》杂志"走进大学校园"专栏的主题。为了写好这个主题，我们记者团在校园里随机采访了不少同学。

许晴看着路上来往匆匆的同学们，有些不知所措，一番巡视下来，她锁定了目标：一个站在图书馆前的娇小女生。

"你好，同学，请问能耽误你一点儿时间吗？"

"可以，什么事？"

"你知道大学里的讲座吗？"

"知道呀，学校总有海报什么的啊。"

"你在学校的时候听讲座吗？"

"这个，有时候会吧，学校的讲座的确很多，可是让我感兴趣的并不是很多。如果不是很出名的人，去的人少也没积极性，要是很出名的大师则会爆满。"

"那你觉得听讲座收获大吗？"

"我觉得吧，那些有才华的人的讲座真的很精彩，让人听了之后受触动、受启发，希望马上改变自己。但是自己真的是三分钟热血，时间长了就淡了。"

"谢谢你接受我的采访。"

郑迪的采访好像有点儿不顺，她看准了几个高高大大运动感极强的男生。

"你们好，能打扰一下吗？"

"什么事？"

"你们听过大学里的讲座吗？"

"同学，不好意思，我们得去打球啊，这事儿以后再问吧。"

此时，映鸿正在采访一群刚下课的同学，青春洋溢又有些许稚嫩的样子，看起来是大一的学弟学妹们。

"同学你们好，我是《菁苑》杂志的记者，能采访下你们不？"

"好啊，没问题呀，我们可喜欢你们杂志了呢。"

"太感谢你们啦，我们这期想做个关于讲座的主题，我想问问你们在大学听过讲座吗？"

"哈哈，我刚上大一，对讲座不是很感兴趣，没有听过，不过他听过。"

这个同学顺手指向了另外一个稍带腼腆的男生。

"你喜欢讲座吗？"

"挺喜欢。电视里的、学校里的很多我都很喜欢。像于丹的讲座我就看过，觉得她解剖《论语》很好，很通俗易懂，可以让文言文不是很好的也能够懂得孔子的精华。学校有的讲座我也去过，有时间就会去，起码也是陶冶情操提高自身素质的一种好的渠道。"

"看来你是一位讲座爱好者啊，那能给我们说说你从中得到的收获吗？"

"可以。其实讲座或讲他人文章精髓或讲他人经历或讲自身成功过程，但归根到底都是在给人一种启示。我们往往觉得结果重要，但过程才是决定结果的关键。听完讲座，有时很是羡慕别人的人生，很传奇很精彩，便希望自己也像他们一样；通过听讲座，确实给了自己一个强大的动力。"

【辅导员说】

君不见各种流派、风格的讲座人你方唱罢我登场，展现了各路专

85

家、学者的才华风采和学术自由，讲座成为了大学校园中浓墨重彩的一道风景。讲座对于学生而言，可以听到最前沿的学术问题，可以和大师对话，可以培养创新意识，还可以将其中的体会变成前进道路上的推力。讲座源于书本、现实又高于书本和现实。希望同学们充分把握和利用讲座这种学习、提高的机会，一面欣赏大师风采，一面汲取学术精华。

【多知道一点】

如何听一场讲座：

首先，要有选择地听讲座。挑选自己感兴趣或者对专业学习和能力提升会有较大帮助的去听。

其次，听讲座前，要查询相关资料，作为听讲前的铺垫，并准备好要提问的问题。

第三，要虚心聆听主讲者的观点、中心点，对于认为深刻、新颖富有启示的地方的应该做笔记，留作过后反复品读。

最后，要勇于、善于同主讲人交流。

石晓峰的"图书漂流"记

"一本书，一段回忆，一句话，一生铭记。"立在这标语旁边的还有写着四个大字"图书漂流"的牌子，这就是石晓峰寝室发起的图书漂流活动。所谓图书漂流，就是组织同学把自己的书"漂流"出去或者把别的同学的书"漂流"过来，让认识不认识的人以书会友，找一个平台扩大大家的阅读量。

"或许读书真的能改变一个人吧。"石晓峰这样想着，一边又向过路的同学们介绍着桌子上的图书。

三个月前，恐怕谁都不会想到在蒲河大学会有这么一个奇葩的活动，尤其是石晓峰。

寝室"老大"——朱安伦吃完晚饭，往椅子上一摊，眼睛就离不开电脑屏幕了；之所以叫他"老大"，与他在寝室里的辈分毫无关联，更不是因为他做人霸道，全因为他刚来的时候，每天一回寝室，就直接倒在床上，呈现一个大字，故曰"老大"。既然是老大之流，做人自然是霸气的，号称"三上"，上课，上网，上榜：学习基本全靠上课，回寝基本全是上网，期末基本全科上榜，可以说是个奇才了。而寝室另一位"人才"就是丁健，每天基本都在看书，当然都是课外书，菲茨杰拉德、川端康成，都是他"推崇"的作家；但寝室里却始终无人响应，这令丁健万分苦恼，感到"高处不胜寒"

的孤独。而另外的石晓峰，每天一脸的屌丝样，在宿舍是四处"流窜"，自然不入丁健的法眼。日子就这样一天天没交集地过下去，形成了三个和尚没水喝的桥段。

这就是三人寝的悲哀。

又是一个星期五，石晓峰"窜"寝归来，百无聊赖之际，想找点儿事做，正在游戏的"老大"自然是他不能找的，于是就盯上了"书霸"。

"健哥，看什么好书呢？借我一本看看？"石晓峰随口一问，没想到说者无意，听者有心，丁健心头一喜："想看书啊，晓峰，成啊，你看我这些宝书，不传男，不传女，只传你一个。"不由分说，就把一本书硬塞到石晓峰手里。石晓峰一看，《挪威的森林》，蛮厚的一本，心里便烦了，但毕竟是自找的，只好收下。

第二天，石晓峰早早地就回了寝，一如昨日的百无聊赖，但寝室里却一个人都没有。石晓峰想，这两个家伙从来不出寝室的，什么事能让他们出门？莫非是对门的买买提教他们做切糕去了？"我说，发财就忘了老子？"他一声怒吼，到对面一看，买买提在睡觉，四下无人，石晓峰只得老老实实回寝室继续发呆。

呆着呆着，石晓峰随手拿起了桌上的《挪威的森林》，一页页地看了起来……

时间仿佛凝固了。

等到他回过神来，确切地说是台灯断电，他如梦初醒，几个小时的一动不动，突然间大脑崩溃，头一沾到枕头，便昏昏睡去。

第二天一早，是久违的周六，石晓峰起得很晚，他下了床，走到丁健旁边，见健哥在看《雪国》；顺手从丁健那一排书架上，抽出一本，自顾自地回到了座位。

就这样，读书时光轻飘飘地过去了两个月，石晓峰用自己"寝脉"搜罗来了许多好书，他与丁健商议，把这些书借出去，让更多的人来读，还可以借此机会把别人的书借进来。"老大"其实是个狂热的网络小说爱好者，闻言也表示赞同，于是三个人决定着手准备，就办了这样一场"图书漂流"活动。

……

此时此刻的石晓峰正在做着登记："《活着》，嗯，同学请留下你的联系电话……"

而另一边，丁健正对一位路过的姑娘滔滔不绝："同学，我看你印堂明亮，我这里有宝书一本，不传男，不传女，只传你一个。"说着，拿出一本《了不起的盖茨比》……

【辅导员说】

扩大阅读量，用多方面的知识丰富自己对于在校大学生无疑是非常重要的。乐于阅读，善于阅读，是成功者重要的品质。抓住在校园内的宝贵时光，做一名博学多才的新时代大学生吧。

【名言经典】

立身以立学为先，立学以读书为本。

——欧阳修

两个人如果读过同一本书，他们之间就有了一条纽带。

——爱默生

4. 我的青春我做主

在漫长而又稍纵即逝的大学生活中，我们该如何自主、自信、自立、自强地学习和生活呢？这里奉献给大家的是一组大学生活自主管理的小故事。

林琦冲的"1234"

1

"……有同学问我大学与高中相比有什么不一样的地方，我觉得大学是实现自我管理的一个过程。自我管理，包括时间管理和金钱管理等……"

在蒲河大学经济学院新生见面会上，辅导员兴致勃勃地带着新生识读大学。

"自我管理？"18岁的林琦冲小脑袋瓜里充满了怀疑和迷茫：什么是自我管理啊？又怎么自我管理呢？现在一天上课之外剩下的时间太多了，无非是上上网、看看小说呗，终于解放了，没有了学业的压力，还不好好享受这美妙的时光，简直是对不起自己。自己管好自己的吃喝玩乐就 OK 啦！

辅导员所说的自我管理在林琦冲这里彻底变成了浮云，大学一年级，就这样无所事事地过去了。由于长期上网，林琦冲渐渐疏远了身边的同学，做什么事情也都不紧不慢的，眼神似乎有些游离。

有一次集体活动需要男生搬桌子，辅导员看见慵懒的林琦冲，关心地问道："琦冲，最近身体不好吗？是不是搬桌子太累啦？"

"不是啊，挺好的。"林琦冲说："就是干什么都觉得没什么意思。"

2

进入大学二年级了，林琦冲身边的同学有的当上了学生会的副部长，有的拿到了奖学金，有的在社团小有成就，有的有了女朋友……林琦冲觉得身边的每个人都有自己的事情可做，而过去的一年，自己好像什么进步都没有。到底为什么呢？在一次无聊之极看网页的时候，他发现了一个新词——正能量。19岁的林琦冲脑袋又开始转了起来，难道我是缺乏正能量？他忽然想起了辅导员老师新生见面会上在说完自我管理之后的一段话："大一的时候你们就像在跑步机上，要跟上它的节奏；而大二就像是在骑自行车，能观赏沿途的风景，但也有一定的目的地……"

思来想去，他觉得辅导员就是辅导员啊，想事情都很先进，但自己应该做点什么呢？一切还都来得及，不能再浪费时间了。林琦冲觉得应该找辅导员谈一谈。

这是进入大学以来林琦冲第一次来到辅导员的办公室。他的辅导员很年轻，也很热情："琦冲，有事吗？"

"老师，我想和您聊聊天。"

"好啊，怎么啦？"

"老师，我就是觉得我的大学过得太迷糊了，大一一年都无所事事的，我想改变自己，可又不知道怎么办。"

"那你想做什么呢？"

"我也不知道，就是想有点儿事情做。"

"这样啊，那你就先从办公室值班开始吧。以后没课的时候可以来办公室值班。"

"这不是班长的活儿吗？我不行，老师。"

"没人规定只有班长才能值班啊。"

"哦，好吧……"

当时的林琦冲根本没意识到这个短暂的谈话竟是改变他大学生活的起点。林琦冲不是个腼腆的人，所以他敢直接去找辅导员老师聊天。当然，他也有足够的勇气去办公室帮辅导员老师做一些力所能及的事情；私下里同学们都称辅导员为"女神"，为"女神"服务他怎能不乐意呢。从那以后有时间林琦冲就去辅导员办公室帮忙，不仅锻炼了自己，还认识了院里的老师和许多学姐学长学弟学妹们，他的生活悄悄地发生了变化，人也变得有激情多了，办事也不慢吞吞的了，对很多事情都产生了兴趣。林琦冲在忙忙碌碌中度过了大二。

3

大学三年级，同学们都开始为自己的未来早作打算。依然在辅导员办公室忙碌的林琦冲发现来找辅导员谈话的人越来越多，大多聊天的内容都是关于未来选择的问题。20岁的林琦冲脑袋里又多了很多想法，他觉得也该研究研究自己毕业后应该做什么了。这一次他没有找辅导员谈话，在对自己进行了认真透彻的分析后，决定自己毕业就工作；那么，现在应该积累社会实践的经验。

这样，林琦冲的课余时间除了在辅导员办公室值班，又多了一些其他的事情，他在外面找了一份周末兼职工作。生活越来越充实的他，慢慢发现自己有点儿招架不住了，上课、办公室、兼职单位……几乎把睡觉之外的所有时间都占得满满的。

"琦冲，最近身体不好吗？怎么脸色这么苍白。"

"没事儿，老师。"

"说说吧，最近是不是遇到什么问题了啊？"

辅导员的眼睛总是那么善于观察问题，林琦冲佩服得五体投地，但又不好说出自己现在的情况。

"我……"

"怎么了？有什么需要我做的？"

"老师……"林琦冲支支吾吾地不知道该怎么办好。

"是不是大三时间有点儿紧张了？"

知我者"女神"大人也啊。林琦冲心里默想着，"老师，我现在在外面兼职实习，可能……"

"哦，你在外面实习？好啊，这样吧，以后不用总来办公室了，忙你的，这一年你也够辛苦了。"

从此，大三的林琦冲课余时间专心做着兼职，有了很多社会实践的经历：银行大堂、企业经理助理……人也变得自信了，精神头儿更足了。当然，偶尔他还是会去办公室。

4

在大四和新生的交流会上，21岁的林琦冲自信地站在台上做演讲，他说：

"大一的时候，我是个彻彻底底的学渣，老师说要学会自我管理，我不知道什么是自我管理，我只知道管理好自己的吃喝玩乐，我上网玩游戏，不分日夜，甚至眼神都变得呆滞而迷茫，生活没有目的，期末考试的成绩就不用说了，我都没脸让父母看见我满是'红灯'的成绩单。"

"到了大二，我玩够了，你们知道玩够了是什么意思吗？我的游戏级别高到身边的人都望尘莫及，DOTA在学校我已经找不到对手了，可是我又有什么呢？寝室的哥们儿当上学生会生活部的副部长了，另一个哥们拿到奖学金了，还有一个处女朋友了，他们都不用天天待在寝室，因为他们都有事情做，而我只能无聊至极地对着电脑。我终于受不了这种日子了，于是我找到辅导员老师……"

"就是这样，现在的我已经顺利被一家'全国500强'企业录取。但我肯定不是学霸，大概也不算学渣了。我希望在座的你们不要像我一样，如果大一开始我就能管理好自己，也许就不会给我们的'女神'导员添那么多麻烦了。很庆幸，能和你们分享我的大学，我想有我这么一个从迷茫中走出来的人给你们讲更有说服力，借用我们辅导员老师开学时送给我们的一句话——大学不一样的地方，就是大学是实现自我管理的一个过程。真心希望你们懂得。"

【辅导员说】

　　林琦冲的时间管理分三个阶段：大一管理太松、大二管理适当、大三安排过紧。可见，大学里对时间的管理是很重要的，太松和过紧是两个极端，科学的时间管理是不虚度大学时光的重要保证。还记得《钢铁是怎样炼成的》里保尔·柯察金那段著名的话吗："不因虚度年华而悔恨，也不因碌碌无为而羞愧。"作为当代大学生，要冲破平庸、把握人生、实现梦想，首先要从时间管理做起。

【名言经典】

　　必须记住，我们学习的时间是有限的。时间有限，不只是由于人生短促，更由于人事纷繁。我们应该力求把所有的时间用去做最有益的事情。

——斯宾塞

庄文静和庄静文

庄文静和庄静文不是姐妹，也没有任何血缘关系。庄文静来自冰城哈尔滨，性格沉稳内敛；而庄静文是标准的辣妹子——成都女孩，性格开朗活泼。世界就是这么神奇，这两个名字很像但又完全没有关系的人，共同考入了蒲河大学经济学专业，而且被分到了同一个寝室。两个女孩家乡不同，性格也很不相同，但相似的名字还是把同学们搞得经常分不出谁是谁。

先来说说庄文静吧，标准双鱼座女孩，性格温和，爱幻想。爱好呢？如果看电视剧算爱好，那庄文静绝对对它爱得深沉。特长呢？就是有耐力，可以没日没夜地与电视剧腻在一起，什么韩剧、日剧、美剧、TVB，人家追剧一周两集，她追的电视剧一个礼拜能排满还有富余。刚入大学的庄文静终于有足够的时间和她的电视剧相依为伴了，因为没有了爸妈的唠叨和中小学似的老师的叮嘱。大学，对庄文静而言简直是天堂。

再来看看庄静文，射手座女孩，对生活充满激情。爱好呢？参加各种活动、学习、看小说、唱歌。说起爱好，庄静文的爱好只能用两个字来形容——广泛。而特长呢？她是样样都能试试，也都敢试试。刚入大学的庄静文终于有足够的时间可以做自己想做的事情了，因为没有了爸妈的唠叨和中小学似的老师的叮嘱。大学，对庄静文而言也是天堂。

日子如水般逝去，大一很快过去了。庄文静看了无数集电视剧，而成绩亮了好几门红灯；庄静文加入了好几个社团，参加了好多活动，虽然没挂科，但离奖学金还是有很大的差距。

大二的一个晚上，庄文静刚刚看完一集《甄嬛传》，庄静文刚参加完社团活动回来了。

"小文，忙回来了啊？"

"是啊，我说静小主今天看得可好啊？"

"哈哈哈，快看完了，我说小文，我怎么觉得一天天这么过有点儿空虚啊。高中时候那么多课，各种各样的卷子，一堆一堆的计划，把时间排得满满的，动不动还会憧憬一下美好的明天——过了高考，到了大学就可以真正做自己喜欢的事情，专心学自己喜欢的专业了！可是现在到了大学，真没有想象的那么好。"

"就说呢，看我一天天社团忙里忙外的，有的时候我真不知道大学应该做些什么，时间还总排不开，愁人。"

"其实，我挺羡慕你能出去有点儿事情做，我一天除了电视剧都不知道能做什么。"

"我啊，看上去吧，其实我也想好好规划一下自己的时间呢。"

"要不咱俩研究研究？"

"好啊！"

于是，庄文静和庄静文决定重新规划她们的生活、时间，用新的方式适应这个"新"的校园。她俩一起列了张单子，有一直想学但没去学的东西，有一直想看但没去看的书，有一直想联系但总懒得打电话的人……决定从今以后要利用自己整段的或是零碎的时间，一点点将这张单子里的事变成过去式。

第一天。

早晨六点半，起床跑步。

七点半早饭后庄文静学习韩语，这源于她看韩剧的爱好；庄静文英语晨读，这因为她想更好地和社团里的留学生交流。

八点半，有课上课、没课自习，她俩决定本学期一定要冲击奖学金。

……

晚上回寝室两个人分别梳理自己一天的收获。梳理完了，总觉得一个整洁的环境有利于更好地学习、生活，于是收拾寝室，全部结束已经十点了，然后洗漱，倒床呼呼大睡……

第二天。

早晨六点半，起床跑步。

七点半早饭后庄文静学习韩语，庄静文英语晨读。

八点半，有课上课、没课自习。

这一天，她俩去了一趟图书馆，借了几本喜欢的书。

第三天。

……

这样的生活过了一个学期，她俩觉得每天都比以前多收获一些，每天也都离目标更近一些。学校很快要评奖学金了，这一次，猜猜她们能得到吗？

【辅导员说】

庄文静和庄静文转变之前反映了目前大学生两种不同的生活、学习状态，一种是无所事事、虚度光阴，而另一种盲目忙碌、觉得参加校园活动是大学生活的主调。但转变后的她们目标明确、有序而充实。面对竞争日益激烈的生存环境，当代大学生应该具有目标感，为自己人生负责，用有价值的活动来充实自己，以赢得未来生活的挑战。

【名言经典】

生活本身没有任何价值，它的价值在于怎样对待它。

——卢梭

你改变不了过去，但你可以改变现在；你不能控制他人，但你可以掌握自己；你不能预知明天，但你可以把握今天。

——微博语录

王光光变形记

"老大，借我 100 块钱呗？"

"我说光明，你咋每个月到 20 多号就借钱？我看你应该改名叫王光光。"

"哥啊，上个月是老乡会聚餐交餐费，现在不是看上金融专业的那个班花了吗……难免破费点儿，哥们儿，讲究点儿啊，谁让你是土豪呢？"

"我说光光童鞋，你能不能有点儿忧患意识，人家都说白领都是月光族，你看看你领子没白，钱倒是光得比谁都快，你老爸老妈一个月也不少给你钱啊。"

"好了，老大，最后一次了行不？再说我这人好借好还啊。"

"好吧，我不是不借给你，问题是你这样将来可咋办，哎！"

……

这是 2013 年 10 月 21 日，蒲河大学 B4 宿舍楼 309 寝室发生的一幕，王光明再次向同寝室素有 ATM 之称的艾玉蒙借钱。下面我们来介绍一下 309 寝室的成员：

艾玉蒙。从小受家庭熏陶，父母对他的经济不是很控制，但他特别有理财意识，炒了两支小股票，稍有盈利。

赵小田。家里条件属基本能过上"小康"生活，每个月父母给的钱没有剩余，但也不至于不够花。

吕沐阳。标准的励志典范，经常出去做兼职，除了学费，其他费用完全可以自给自足，甚至能有些许的结余。

王光明。就是刚刚提到的王光光，真正的月光族，一个月 2000 元的生活费，愣是被他花得底儿掉，总是过着前半个月紧吃、后半个月吃紧的日子。

金钱观不同的四个人凑到了一起。王光明之所以总向艾玉蒙伸手借钱，并戏称他为 ATM，是因为他觉得赵小田没有多余的钱，而吕沭阳的钱来之不易。

这一天，只剩王光明和吕沭阳在寝室。

"哥儿们，今天怎没出去兼职？"王光明问道。

"哦，今天休息一天。你那个班花怎么样了？"

"别提了，这不刚借的钱花完了，离老妈给我打钱还有几天吗，我只能在寝室眯着了。"

"我说光光，你花钱太没有规划了，总这样下去怎么行？要不跟我一起兼职去吧。"

"倒也是哈，哥们儿也应该用自己的双手创造未来。"

又过了一个月。这一个月，王光明和吕沭阳一起做兼职，浑身都冻透了、脚都麻了还站在外面发传单，腰都站酸了还要促销卖手机，更崩溃的是，嘴上都要磨出茧子来了，可是顾客对他卖的东西就是无动于衷。王光明搞不懂吕沭阳哪来的那么大劲头儿，至少现在有他陪着，可以前只有吕沭阳一个人啊。

"沭阳，你哪来的这么大动力？是不是家里条件太不好了啊？"

"光明，我说我家不缺钱，你信吗？"

"哦？"

"呵呵，我的事情很少和你们说过吧，其实我家里条件还可以，供我读个大学还是很轻松的。至于动力嘛，来源于我老爸的一句话。有一次他给我打完学费和我说：'爸爸我 16 岁就自己挣钱养活自己了'。尽管只是一个感慨，但我觉得 18 了，是时候自己养活自己了。"

……王光明沉默了，他一直以为大学毕业工作前父母为自己所做的一切都是特别应该的。

时间很快，又过去了一个月。这一个月王光明努力地和吕沐阳一起继续做兼职，有时大雪天都冻透了，但仍然坚持……

12月的一天，在寝室。

"我说光光，最近忙乎啥呢，这两个月咋没管我借钱呢？"艾玉蒙倒不适应王光明不借钱的日子了。

"哈哈，一分一毛当思来之不易啊！"

"什么情况？"

"我前阵子和大阳去兼职了，这挣钱真是不容易啊，我可不能再那么乱花钱了。"

"哈哈，知道钱是挣的了啊。不过，不乱花钱是一方面，如果有时间精力的话，也要试着学学理财哦。"

"理财？"王光明又陷入了新的思考中……

【辅导员说】

金钱管理是大学期间重要的一课。在王光明寝室中发生的故事，我想他们多多少少都是同学们的影子，你们多多少少都有像他们的地方。同学们，你们兜里的钱还在吗？又有多少是通过你自己劳动换来的呢？

我是夏铭石

夏铭石，你乱花钱会遭天谴的。

2013 年 9 月 7 日，作为新生的我独自来蒲河大学报到。满是硬座的绿皮火车果然没有让人"失望"，晚点了 1 个多小时，火车站已经没有学校接站的人了，无奈之下，只好自己坐公交车了，折折腾腾，到蒲河大学天已经黑了。还好，蒲大接待新生的人还在。稀里糊涂被学姐领着来到了寝室，我算是安顿下来了。

寝室的同学都已经收拾好了，在愉快地聊着天，她们看着我简单的行李，眼神里充满了诧异。

"同学，你就这么点儿行李吗？"

"这里冬天很冷的，你带的衣服有些少吧？"

真是多管闲事，我心里暗想，这些同学怎么这么磨叨呢？思考了半天，想想刚入学也不能太不随和，于是说出了一句我自己都不知道为什么说出口的话："我是夏铭石。"

对，我就是夏铭石，开篇的那句是我的座右铭。入学第一天，我不想和室友辩解什么，不想和别人的相处中被同情和怜悯，我觉得除了尊严我真的是什么都没有，我真的没有魄力去乱花一角钱。

从小学开始，我就一直是家庭幸福、学习优秀、朋友众多。我一辈子都忘不了爸爸瘦骨嶙峋的手握着我的手说，铭石啊，你是咱家的希望，你要为家门争光啊。可是不管做怎样的治疗爸爸最终还是没有撑到我考上大学，五月就离开了人世。而我经过这样的打击也没能正常发挥，只考到了一所普通的重点大学。为了能让爸爸多活些时日，家里的积蓄用尽还没够，又借了不少外债。爸爸去世后有的债主多次上门要钱。妈妈是个要强的人，从不肯为钱财折腰，她说："丫头，人生总会有挫折的，享得了福也要吃得了苦。"于是妈妈卖了家里的老房子，租房子开了一家缝纫店，开始靠给别人做衣服度日，虽然清贫，但足以温饱。妈妈自始至终都没想过让我辍学；而我要完成爸爸的遗愿，不辜负爸妈对我的期望。

开学军训，然后上课，时间过得很快，寝室同学很友善，大家很快成了好朋友，开学第一天只是一个小小的插曲，她们是真的关心我。可是，钱对我来说的确是个很大的问题。于是，在我大学的第一天我就开始给自己订生活计划，让自己的每一分钱都花在刀刃上，不浪费妈妈的血汗钱。我对自己说："夏铭石，你乱花钱会遭天谴的。"我在本子上计划了每天的支出，甚至计划了自己的打工计划，我要在节流的同时学会开源，这个家靠妈妈一个人支撑太辛苦了，我得学会自己养活自己。

我原本以为只要严格按照自己订的计划生活应该可以，但开学不久我就发现计划远远赶不上变化快。开学一个月开支就超出预算不少，这让我很郁闷。我四处寻找打工的机会，却总是碰钉子。虽然妈妈每次在电话里都会说一些宽慰我的话，叫我不要太省，该花的钱还是得花，但我知道，或许我只是多花了那么几十块钱，妈妈就要熬好几夜给人做衣服，那样的话我该有多心疼啊。终于在老师的帮助下，我在学校图书馆找到了一份工作，帮管理员整理书籍。虽然收入微薄，但至少可以补贴一下生活费，而且工作时间灵活，活儿也比较轻松，不会耽误到学习。每天晚上工作完我会在自习室再学习一会儿，回到寝室总结一下自己充实的一天，觉得虽然有些累但还是很值得的。我会在睡前鼓励自己：夏铭石，你要加油，贫苦怎么能压倒你呢！你就是一颗仙人掌，插哪儿活哪儿。

"铭石，圣诞节有个手机促销，一天150呢，咱俩一起去啊？"也不知道莎莎从哪儿淘来的消息。

"亲爱的，可靠不？咱俩别被骗呀？"

"不会滴，那是我别的学校同学推荐的，他'十一'就干过，放心吧，我还能把你卖了不成，咱俩去还有个伴儿！"

"好啊好啊!"我知道,莎莎是为了我,用一个我能接受的方式来帮助我,她那在外企工作的老爸哪用得着让她挣这 150 块钱啊。

日子不咸不淡地过着,我的生活没有大风大浪,妈妈的小店生意越来越好,家里的日子一天天好过起来。说好的母女一起奋斗的,我当然不能比妈妈差太远了。渐渐地,我向家里要钱的次数越来越少,打工赚来的钱,还有努力学习得来的奖学金以及学校发放的困难补助,这些钱足以支撑我的大学生活了。

我是夏铭石,我正在蒲河大学顽强而乐观地学习、生活,你呢?

【辅导员说】

夏铭石在蒲河大学顽强而乐观地生活着,你呢?你在哪里,过着怎样的生活?人们无法选择生活给予的贫穷富有、苦难与顺境,但我们可以选择如何面对,积极消极,乐观悲观。生活需要正能量,选择积极的心态去面对生活,相信生活回馈的一定是一个大大的笑脸。

【名言经典】

苦难的生活,是我人生的最好锻炼,尤其是做推销员,使我学会了不少东西,明白了不少道理。所有这些,是我今天 10 亿、100 亿也买不到的。人生自有其沉浮,每个人都应该学会忍受生活中属于自己的一份悲伤,只有这样,你才能体会到什么叫做成功,什么叫做真正的幸福。

——李嘉诚

107

5. 聆听内心的声音

让我们喜悦的，让我们悲伤的，还有让我们愤怒的，顺境抑或逆境的……无论怎样的经历，都是我们生活中的一部分。去追寻内心的宁静与快乐吧，在顺境中笃定而行，在逆境中安之若素，拥有内在的淡定与从容，生活会焕发出更加迷人的光彩。

寻找安吉拉

李木子总认为自己不够优秀，甚至有点儿自卑，虽然获得过奖学金，虽然她通过民主选举担任了班级的宣传委员。她很羡慕漂亮温婉的室友张怡静，身边总是有男生追求、呵护。她也羡慕聪明博学的室友吴悠云，上知天文下知地理，很轻松就能拿到一等奖学金。她还羡慕能歌善舞的室友夏思晴，她常站在舞台的中央享受所有追光灯的问候……

李木子越来越不喜欢这个平凡而默默无闻的自己了。她登录了网名叫安吉拉的 QQ。安吉拉是英文单词 Angle 的音译，天使的意思。在 QQ 签名处写下：感觉不会再爱了！

这时，李木子的闺蜜"爱的美丽"的头像开始闪烁。

爱的美丽（346＊＊＊＊9）20：37：32
亲，谁欺负你啦，需不需要我替你报仇啊？

安吉拉（721＊＊＊＊5）20：38：11
亲爱的，我没事儿，就是自己闹心。

爱的美丽（346＊＊＊＊9）20：38：29

咋啦？跟我说说！

安吉拉（721＊＊＊＊5）20：39：02

我身边的室友都特棒，只有我，没啥特长，没有任何方面能拿得出手的，我觉得自己好差劲！

爱的美丽（346＊＊＊＊9）20：39：57

亲，人家都说年少轻狂，你怎么这么"低调"呀？你多好呀，活泼可爱、热情善良，人见人爱、花见花开！而且还是个大才女！

安吉拉（721＊＊＊＊5）20：40：22

你就别拿我开玩笑啦！人家正闹心呢！

爱的美丽（346＊＊＊＊9）20：40：56

我是说真的！昨天编辑部的学长指着你在院刊上发表的文章夸文笔好呢！还有我们寝室的小可总夸你送给我的手工娃娃做得好，说你心灵手巧呢！

112

安吉拉（721＊＊＊＊5）20：41：12

这些小事也是优点吗？

爱的美丽（346＊＊＊＊9）20：41：37

这些肯定是优点啊！而且这些优点还非常高端大气上档次呢！

安吉拉（721＊＊＊＊5）20：41：55

你说的这我都没有想过，看来我好像并不了解自己，我得认真想想了。

【辅导员说】

传说在德尔菲神庙上刻着这样一句箴言：认识你自己。认识自己这是每个大学生必须认真思考的问题。你一定听过丑小鸭的故事，当那只其貌不扬的"鸭子"想扮演好一只鸭子的时候，它只是一个体态怪异的"鸭子"，无论它怎样努力都无法变得优秀。而当这只"鸭子"发现原来自己是一只天鹅的时候，它才慢慢察觉到原来自己如此美好。不要只看见他人的长处，而要挖掘自己的能力与特长，找到真正适合自己的方向。去寻找自己内心的安吉拉吧，与那个最美好的自己相遇。

【名言经典】

这世界上最重要的事情，不论从任何角度来说，就是自己了解自己。

——蒙田

学姐，谢谢你

　　夏雨晴任职于学院学生会生活部，带领他们工作的是一位严声厉色的学姐于丽厉和一位笑容可掬的学长马可。于丽厉学姐人如其名，不但美丽，而且十分严厉，工作作风硬朗干练，以要求高而闻名。当然，她对自己也是如此。在她手下工作，一旦出现疏忽往往会挨一顿狠批，说话也不留情面，给人以距离感。夏雨晴有些害怕她。相比之下，夏雨晴更喜欢马可学长，因为学长很亲切，工作中总是和颜悦色，每天嘻嘻哈哈的，即使犯错误他也不会生气，往往会说"没事，没事，下次注意就行了"。空闲的时间还会讲笑话逗大家开心。马可学长好像对雨晴的印象特别好，经常夸她聪明、办事能力强，这让她心里总是喜滋滋的。

　　在一次寝室卫生检查评比工作中，夏雨晴因为疏忽，没有协调好各个班级的检查时间，导致工作被延误。为了赶时间，工作的质量就没能保证。结果是很多寝室对评比结果提出质疑。最终还是于丽厉学姐当机立断做了妥善处理，对检查项目进行了调整，使检查工作较为顺利地完成。事后，于学姐狠批了作为检查责任人的夏雨晴，并一一列举了她工作中

的每一处失误，夏雨晴觉得很难堪、很委屈。因为自己付出了很多的时间和精力在工作上，只是由于一时的失误，就被全盘否定了。由于委屈和心情激动，夏雨晴根本没仔细听于丽厉学姐说的话，反而觉得她是不喜欢自己，所以才会这样苛刻。夏雨晴情绪低落地向马可学长寻求安慰。马可学长仍然是微笑着说："没事，没事，下次注意就行了！"夏雨晴觉得马可学长总是让人很开心，更加喜欢马可学长了。

时隔不久，学生会生活部开始组织学生调换寝室，而且时间紧、工作量大，夏雨晴单独负责安排协调一个年级的换寝工作。让她单独负责这么一项重要的工作，原本于丽厉学姐是不同意的，但是夏雨晴心里憋着一口气，一再坚持，马可学长也给予了夏雨晴极大的支持，最终于丽厉学姐终于同意让夏雨晴负责，同时提醒她一些需要注意的问题。

由于夏雨晴缺乏经验与过度自信，又未能总结以前活动的经验教训，在这次换寝工作中，出现了许多纰漏。时间安排得不恰当和细节计划的疏漏，导致换寝室工作一片混乱，学生怨声载道、满腹怒气，甚至有的寝室之间出现尖锐的矛盾，散发出浓浓的火药味道。

在这样的情境中，夏雨晴有点儿慌了，她向马可学长求助，可是马可学长还是一如既往地说："没事，没事！我相信你的能力，你一定能妥善解决！"此时，马可学长的安慰已经无法解决现实问题了，

夏雨晴想起了于丽厉学姐批评她的话："你在开展活动之前，对活动的工作安排上没能将细节考虑周到，没有应对突发事件的预案；在活动进行过程中，很多规则没有讲清楚，导致活动过程中很多同学因为不清楚规则而对活动本身产生抵触情绪……"

幸亏于丽厉学姐为夏雨晴解围。她召集了寝室长，对现在寝室的情况和大家的意见做了了解，并且从学院整体角度向大家重新解释了换寝室的规则，从而赢得了寝室长对学院工作的理解。事情很快平息了下去。

于丽厉学姐看出了夏雨晴深深的自责。于是对她说："夏雨晴，我观察你很久了，上一次也很严肃地提醒过你凡事都有程序，有些事情看似没有先后顺序，但是实际上都是环环相扣的。你就是平时做事爱

拖拉，但其他方面都不错，办事也很灵活，要是改掉拖拉这个毛病，你就更完美了。"

虽然于学姐仍然很严厉，但是夏雨晴第一次感觉到原来严厉也是有温度的。夏雨晴喃喃地说："学姐，对不起。学姐，谢谢你。"

【辅导员说】

大学生活中，我们都渴望得到他人的认可，而往往又拒绝他人的批评和建议。但是如果过于在乎他人的认可，一个危险就会产生：我们可能会失去对自我的正确判断。故事中的夏雨晴只接受来自马可学长的鼓励和表扬，而不喜欢听于丽厉学姐的批评与建议，滋养了拖拉的毛病。如果她能早一些接受来自学姐的批评，也许可以避免上述的失误。

【名言经典】

成长是什么？成长就是我们某一天忽然回过头来，发现自己曾经的那些不周全，然后狠狠地原谅自己的那一瞬间。

——微博语录

独孤的梦想与孤独的现实

独孤自强，是一个来自小县城的男生，父母是农民，家里有两个姐姐。作为家里最小的男孩，他从小就受到了全家人的疼爱。虽然家庭经济情况并不好，但是全家人还是尽可能满足他的要求。独孤自强的性格有些内向，不爱说话，很少与家人以外的人交往。但他脑子聪明，成绩一向很好，从小学到高中成绩均名列前茅。他一直有一个到大城市念大学的梦想，他憧憬繁华的都市、宏伟的建筑、多彩的大学生活。高考后，他被著名的"211"院校蒲河大学录取了，他感觉梦想终于实现了。

大学之初，独孤自强的自我感觉很好。城市里高楼林立，建筑金碧辉煌，现代化的校园让独孤自强感到无比的满足。但是，随着时间的流逝，他渐渐地感觉到苦恼。他发现梦想与现实的差距越来越大。

独孤自强不认识五月天，分不清 NBA 与 MBA，不会玩 DOTA，不敢和女生说话……他尽可能让自己不出差错，不让别人笑话。但是有好几次在他完全搞不清状况的时候室友已经笑出了眼泪。虽然他知道室友并无恶意，但是他不喜欢这样的感觉。他越来越小心翼翼地生活，同时变得敏感多疑。比如，室友吃苹果的时候分给他一个，他就会觉得室友看他穷，认为他买不起；室友拉他去上自习，他就觉得室友认为他学习态度不积极……一个周末，同寝室的几个室友在寝室里玩联机游戏，可是独孤自强不会玩，所以没有加入。晚上九点多，他想早点儿休息，但是室友却玩兴正酣，没有休息的意思。独孤自强躺在床上听其他室友因为游戏中的厮杀而惊叫、欢呼，突然感觉烦闷无比，然后毫无征兆地爆发了……虽然室友没有说什么，但是独孤自强总是感觉怪怪的，他总感觉寝室的同学对他怀有敌意，而他的表现使室友不知所措，不敢跟他说话。

独孤自强不明白为什么梦想明明已经实现了，而现实却又那么糟糕。在这里，没有人能理解他，孤独和自卑使他烦躁不安。他曾想尽力克制自己，强打精神，企图用埋头学习的方法来减轻痛苦，冲淡烦恼。然而，事与愿违，由于他学习精力很难集中，效果很差，成绩急剧下降。尽管辅导员老师多次与他聊天，同时让班级干部、室友多关心他，但是仍然无法让他打开心结。每当他看见班级同学在一起说话时候就会觉得是同学在背后议论他。他开始厌倦学习，厌恶同学和班级。心境和体质越来越差，甚至出现了幻听和幻觉。

【辅导员说】

现代心理学和医学的研究表明，愉快的心境可使体内环境保持平衡，从而使全身系统、各器官的功能更加协调；消极情绪则会破坏大脑皮层的兴奋和抑制的平衡。长期的情绪适应不良，或者长期处于负面的情绪状态中，个人的情绪没有抒发的渠道，就有可能诱发心理问题。独孤自强害怕被同学嘲笑，长期使自己处于负面的情绪之中，无法疏解郁结，最终导致幻听与幻觉。不要因为有烈日暴雨就选择去做一只缩在壳子里的蜗牛，只有敞开心扉，才能感受到阳光、雨露、微风与花香。

【名言经典】

你要打开人家的心，你先得打开你自己的，你要在你的心里容纳人家的心，你先得把你的心推放到人家的心里去。

——徐志摩

烦躁的罗莉

罗莉人如其名，可爱、漂亮、萌，是一个活泼开朗的女生，平时见到人总是笑眯眯的，有点儿话唠。可是，临近期末，室友发现罗莉发生了变化，无论做什么事情都缺乏耐心，很容易发火。她和室友的聊天交流越来越少了，也不爱与同寝室的同学一起活动，常常独来独往。在自习室复习的时候总是坐立不安，一会看看数学、一会翻翻英语，表现得很烦躁。大家感到很奇怪，都在猜测她到底怎么了，她以前并不是这样的啊！

罗莉一个人走在回寝室的路上，回想起自己这几天的状态，自己也意识到了自己的变化，心里不由得更加烦闷起来，于是加快了步伐，未曾想竟然不小心撞到了人。罗莉刚想发火，却发现撞到的是高中时的同学夏伊。

夏伊："罗莉，你怎么了，气色这么差？"

罗莉："没事儿，就是最近有些心烦。"

夏伊："为什么啊？"

罗莉："不知道，就是最近心情很烦躁。"

夏伊："总会有点儿原因吧？"

罗莉："就是不知道为什么才感觉到烦。最近看书也看不进去，马上就考试了，思修（大学生思想政治修养）我还一点儿没看呢，高数（高等数学）练习册也没做完，英语单词也记不住，闹心死了！"

夏伊："你是不是考前焦虑症啊？"

罗莉："考前焦虑症什么东西啊？"

夏伊："就是害怕考试，在准备考试的时候烦躁呗。"

罗莉："还有这么个说法呢？好像还真是这样，最近我复习效率特别低，总怕考试挂科。"

夏伊："你就是考试之前太紧张了，越紧张学习效率就越低，然后心情就越差。"

罗莉："好像真是这样！那我该怎么办啊？"

【辅导员说】

相信很多同学都会遇到像罗莉一样的问题，考试前烦躁不安，严重影响复习效率。可是，考前烦躁焦虑的你，是否思考过为什么考试带给你如此大的压力呢？临时抱佛脚的你，是不是应该认真思考下你的学习态度呢？

【名言经典】

人应该天天有个好心情，才能创造出有意义的人生和丰富多彩的生活。用好的心情去工作，去学习，去生活，也不枉来世间走一趟。

——艾蒿《天天有个好心情》

121

我不了解的妈妈

凌晨一点半，江一囡在寝室床上辗转反侧。她第五次翻看着自己的手机通讯录，却再一次失望，她实在是找不到一个能够在这样无眠的深夜里能陪她聊天的人。认识一囡的人都说她是一个优秀女生：团支书、学生会主席。虽然这些来自他人的评价会激励一囡更加努力地工作，但是却无法增加她的幸福感。实际上，在一囡阳光的外表下，隐藏着一颗忧郁的心。一囡害怕这样无眠而寂静的夜晚，她感受着室友们沉沉地睡去，而她却心事重重，无法入眠。此时，多年来埋藏在心底的记忆又一次浮现在脑海，刺痛着她……

一囡出生在一个不幸福的家庭里，在她童年的记忆里几乎都是爸妈的吵架声，有时候两人甚至会大打出手。在硝烟弥漫的家里她会因为恐惧而躲在角落里，她告诉自己：会好的，一切都会好起来的。在一囡高考的前一年，爸妈终于办理了离婚。很多孩子都会为父母离婚而感到痛苦，但是她没有，反而觉得很高兴，因为终于可以不再生活在无休止的争吵声之中了。一囡本以为跟着妈妈一起生活会快乐些，但是她错了。当沉重的生活全部压在妈妈身上的时候，妈妈的脾气变得越发暴躁。那段时光一囡每天放学时都会祈祷，希望妈妈今天的心情好一些，不要生气。她想，等上大学之后，一切都会好起来的。

考入蒲河大学以来，虽然一囡的生活看似很顺利，但是她一直很自卑。学校让填写表格的时候，家庭成员这一栏深深地刺痛她的心，她害怕别人知道自己的家庭情况，她从来不跟同学说起自己的家庭情况。看到寝室同学爸妈打电话嘘寒问暖，一囡就会觉得自己很不幸。

一囡想起白天老师给她的一封信，说是在新生入学家长会的时候，学院让家长写一封信给自己的孩子。一囡一直没看，她能猜到妈妈写些什么，无外乎是好好学习、照顾自己之类的话。在这个无人倾诉的夜里，她点亮了床灯，决定读妈妈的信……

> 囡囡：
>
> 老师让家长给自己的孩子写信，提起笔我才发现，我们娘俩有多久没有好好地聊聊天了。是妈妈不好，没能好好地照顾好你。
>
> 记得我跟你爸离婚那年，有一天我去学校，我看见你们班好几个女生正拿着自己的手机玩，当时你看着他们的手机，满眼的羡慕。你很懂事，从来没跟妈妈要求过，但是那一刻妈妈心里特别难过，妈妈希望你能像别的女孩一样，妈妈想给你更好的生活。但是妈妈没有啥能耐，文化水平也不高，虽然一直在忙，却没能让你像别人家孩子一样过上好日子。囡囡，妈妈总是说让你好好学习，将来有出息。因为妈妈是希望你以后能过上好的生活，而不要像妈妈这样，因为无法给孩子好的生活而愧疚。但是，其实妈妈最想说的是你一直很要强，别苦着自己。
>
> 还有，囡囡，有一句话妈妈一直想对你说：你是妈妈的骄傲，妈妈爱你。
>
> 妈妈
>
> 2012 年 9 月 8 日

一囡的泪水浸湿了信纸，她突然很想念妈妈，迫切地想听见妈妈的声音。在这个无人能够倾诉的夜里，她按下那个熟悉得不能再熟悉却很少拨打的号码，电话另一头传来妈妈急切的声音："囡囡，你怎么了？是不是生病了？""没有，妈妈，我只是……想你了。"

【辅导员说】

江一囡总认为妈妈不是很爱她，但很多时候，想象中的并不是真实的。生活可能不像我们想象的那么美好，当然也不像我们想象的那么糟。当你站在窗前，窗外有阳光明媚，也有阴云密布。你的喜怒哀乐不完全取决于它向你展现出什么，而更多的在于透过它，你看到了什么。对于生命中的不幸，不要一味地怨怼生活，试着理解，感受其中的美好。

【名言经典】

你只是这个世界上的一个人，但对于某人来说，你就是全世界。

——微博语录

生者如斯

佟如斯是蒲河大学三年级的学生。在同学的眼里，他是一个沉默寡言的男生，性格有些内向，参加活动不多，但是学习非常刻苦，凭借优异的成绩，多次获得学校一等奖学金。可这学期开学后佟如斯却一反常态，逃课、外宿、通宵打游戏……辅导员查寝的时候发现了这个情况，于是打电话约他在办公室见面。

迈进办公室的时候，佟如斯把头压得低低的。步子迈得很轻，让人一眼就看出了他内心的紧张与忐忑。

"柴老师，您找我有事吗？"

柴老师并没有直接回答，她先打量着面前这个因为紧张而不停搓手的男生。关切地问道："佟如斯，你瘦了好多。哪里不舒服？"

"我……我挺好的。没……没什么事。"佟如斯的回答显得有些底气不足。

"最近心情还好吗？"

佟如斯本以为由于近期的表现，老师会劈头盖脸地批评他一顿，但是此刻老师关切的提问反而让他觉得有点惭愧。他一时语塞不知道该怎样回答。

"那我们先从比较具体的问题开始聊吧。我知道你一直以来都以考上一所名校研究生为目标，学习非常努力。可是你上学期的成绩下降了很多，我觉得这一定不是你学习能力的问题。如果你愿意的话，可以告诉我原因吗？"

佟如斯的内心霎时一阵酸楚，他默默地低下头，努力将视线移开。沉默了许久，佟如斯终于抬起头，极力控制着眼里噙满的泪水。

"老师，上个学期期末我高中最好的朋友过世了……"抑制不住的泪水汩汩流下。"他是我最好的朋友，我们从小一起长大。我总去他家住，我一去他妈就给我包包子；我追女孩，他也帮我出主意……"记忆的闸门一旦打开，那些过往的时光便不可抑制地喷涌而出……佟如斯断断续续地讲着，辅导员静静地听着。

"老师，我知道人死了就不能复生。但是我真的接受不了，昨天晚上还好好的跟你吃饭喝酒的人，第二天就消失得无影无踪了，再也见不到了。我学习时总会想起他，精力不能集中，虽然我也克制自己，逼着自己去自习室。可是我手里拿着书，眼前都是我和他的回忆……老师，你说人为什么这么脆弱呢？如果生命不一定何时就会终止，那我奋斗是为了什么呢……"

辅导员抚着佟如斯的肩膀，说："如斯，你已经做得很好了，真的。这么长时间，你一直自己承受着这么大的压力、忍受着这么大的痛苦，你真的很坚强。"

佟如斯抬头望着辅导员，发现辅导员正注视着他，说："老师，我以为你会批评我，批评我学习不专心，觉得我懦弱。"

"为什么要批评你呢？你是个重情重义的人。先擦擦眼泪吧，如果你的朋友知道你如此地怀念他一定会很欣慰。可是如果他知道你为了他如此一蹶不振，那他也会非常担心的，我想这一定不是他所希望看到的。如斯，回去吧，晚上我会写 E—mail 给你。"

晚上，佟如斯登陆了电子邮箱，开始阅读老师的来信。

主题：生者如斯

发件人：Chai＜71700023@qq. com＞

如斯：

　　你好，谈话时你的泪水和悲伤的神情深深地触动了我的心。在做辅导员的岁月中，我多次经历学生因为至爱的人的离去而恸哭、久久无法平复的情境。死亡，似乎离我们很遥远，而有时它又带着其可憎的面目猝不及防地出现在我们的面前，并在我们心里划下永远无法弥合的伤痕。

　　你的遭遇让我想起了我以前的一个学生，一个我最喜欢的学生。

　　她叫夏梦颜，是一个活泼漂亮的女生。那时，她担任班级的学习委员，经常来办公室找我聊天，有时会帮我做些日常工作。她学习非常勤奋刻苦，为人也特别热情，同学有困难她都会帮忙，所以跟她们班级的同学相处得都特别好。大四毕业前的时候她考上我们学校的研究生。毕业聚餐的时候她对我说："老师，我已经联系好假期实习单位了，有实习工资哟！等我研究生开学回校用我自己挣的钱请你吃饭！"但是，她再也没能回来。她在毕业后的那个假期里，由于突发疾病引起心肺功能衰竭，最终医治无效离开了这个世界。

　　那时，就像此刻的你一样，我的心好像被戳开了一个洞，陷入了无限的悲哀与恐惧。然而，时间是医治伤口的良药，在慢慢平复之后，我和她的同学们商定：我们要更加努力地生活，带着她未能实现的愿望与梦想，更加精彩地过好每一天。

　　如斯，带着你朋友的梦想更加努力地生活吧，替他去实现他未能实现的梦想，看他没能看见的世界。我想，对于逝者最好的慰藉未过如此吧。你说呢？

老师：柴璐

2013 年 3 月 12 日

【名言经典】

　　也许无数眼泪在夜晚尝了又尝，也许很多事情不是我们可以掌握的。不过没关系，生命必须有裂缝，阳光才能照得进来。

——微博语录

6. 社团风云录

　　如果说大学生活是一本书，那么社团活动便是书中很引人入胜的一张彩页；如果说大学生活是一台戏，那么社团活动便是戏中精彩的一幕。在社团活动中，会有欢歌笑语，会有辛酸落泪，甚至会有矛盾冲突。无论如何，都值得参与和尝试，因为那是一段值得回忆的经历。

社团面试让我变得如此美丽

来到梦寐以求的大学，我兴奋于新的环境、新的生活、新的一切。其实在上大学前，好多人都告诉过我：除了好好学习还要尽可能多地参加一些社团活动来丰富课余生活。听了这些话，我心中充满了对大学社团生活的美好憧憬。

开学没多久，寝室楼下就贴出了一张纳新海报——青年志愿者协会。宣传单上的介绍引起了我的兴趣。我第一次了解到原来一个社团是由那么多个部门组成的。在思考和比较之后，我做出了决定：我想进宣传部。因为这个部门听起来就很有派头的样子。于是我兴高采烈地填起了"自荐表"……

然而我的激动换来的却是入学以来的第一次"打击"：我未能通过那个让我既紧张又期待的面试。也许正是因为我太期待了，所以导致面试中过于紧张，发挥失常；也许是因为我欠缺面试的经验，所以回答问题颠三倒四，不合逻辑。

10月末，学校的社团节正式开始了。在社团节上，我发现了一个名叫"赛扶"的社团，这是一个由39个国家的1600所高校在校大学生以及学术界人士、企业界领袖组成的国际性组织，旨在通过具有企业家精神的实践行动共同促进社区发生积极改变。在听完他们的宣讲会之后，我觉得这个社团的实力很强，于是跑去报名。这次我选择的部门是"赛扶"的"办公室"。因为有前车之鉴，所以面试前我做了认真准备。尽管这样，我心里还是没底。

面试轮到我的时候，我走进去坐下来先进行了简短的自我介绍，之后我就不知道还应该说什么了，单是冷场不说，我甚至感受到了当时气氛的"肃杀"。对我面试的人看着我愣愣地坐在那里，问我"没有啦？""呃……嗯，没有了。"然后他们引导我，让我说说自己的优点，再列举一下不足。可我实在是太紧张了，大脑一片空白，提前准备的东西全忘记了，又是一次语无伦次……后来我看到那个负责记录的学姐很艰难地在我的名字后面写了几个字，我就知道这次面试肯定又砸了。唉，我悲催的人生啊！

回寝的路上我不禁自问："怎么两次都这样呢？是没有准备好，还是经历的太少，难道我注定了要失败吗？我的大学就要这么平庸地度过吗？"沮丧地回到寝室后，我打开电脑和表哥聊天，说出了我的困扰。他安慰我说："我还以为是什么大事儿呢，多经历一些就好了。你要学会吸取经验教训，无论做什么都要事先准备好，机会总是留给有准备的人，付出了才会有回报。你得学会自己思考，脑袋里要有想法，凡事要有自己的意见，不然就算是给你机会讲你都不知道该说些什么，只会是'话题终结者'似的冷场，这样怎么能行呢！你说你，平时不烧香、临时抱佛脚，希望有好的发挥，就算佛同意我都不同意！不过话又说回来，这才只是个开始，怎么就气馁了呢？你要相信自己啊，快燃烧起你的小宇宙吧，加油！"表哥的话虽然有很多调侃的成分，却也一下子点醒了我。是啊，我不能总是这样糊里糊涂、浮浮躁躁地过下去，这不是我想要的大学生活。我需要学会思考，沉淀一下我自己。

11月，院学生会、校学生会陆续纳新了，可我都没去参加，而是选择每晚去自习。看到周围的同学们因为加入学生会而高兴地忙碌着，我学会了淡然，不去羡慕什么，想着"两耳不闻窗外事，一心只读圣贤书"。我坚信当我学的多了、懂的多了，我自然就会变得更成熟、更有思想，不再大脑一片空白。

后来的一个晚上，寝室里来了一位学姐，她手里拿着几本杂志，向我们推荐说："这是我们学院的院刊，我们杂志社刚成立不久，过几天有纳新活动，想要加入我们队伍的同学要来面试哟！"听着学姐的介绍，我有点儿跃跃欲试，但最后还是沉默了。因为我不想在重新整理好自己之前就去参加活动，这种概率注定等于百分百的失败还是不要总尝试的好，真心不想再给生活打击我的机会了。哪有人会喜欢放弃，只是不喜欢失望罢了。就这样，面对这一次的选择，我退缩了。

几天后，室友无意中又提起了院刊面试，问我要不要一起去。去还是不去，真让人纠结。说实话，心里仿佛有两个小人儿在打架，一个告诉我，去试试，说不定会成功；可另一个却不断地提醒我以前面试的惨痛经历。这让我很

是踌躇。跟室友说了我的想法，她们都鼓励我去试一试。在室友的鼓励下，最终我还是决定去参加面试了。不过这一次我不再盲目选择那些听起来"体面"的部门，而是在谨慎考虑、权衡后选择了技术部。一是因为自己在这方面有足够的爱好和初步的涉猎，二是因为在这个部门还能学到实用性很强的技能。决定之后，我打印了"自荐表"并工工整整地填写。为了能通过这次面试，我全力以赴，做了充分的准备：我认真地阅读了该杂志的相关内容，准备了面试时可能要回答的各种问题并整理好答案，还和室友模拟演练了面试的情景。毛主席说得好，打就要打有准备的仗。我是等待爆发的小宇宙，Fighting！

面试的那天，外面下起了雨，我打着伞快步到了面试地点，等待期间我不断地给自己加油鼓劲，告诉自己：这一次我一定可以的。轮到我的时候，我还是有一点紧张，但进去之后发现学姐学长们都很和善，很快我也就不紧张了，面对提问题我侃侃而谈，没有再出现以前

那样不知所云的尴尬。我感觉这一次应该没有问题。面试后我高高兴兴地去上自习，还发了条微博："Everything is going to be fine！"不得不说，这真是充实的一天！

　　一周后的一个晚上，我收到了一条短信——欢迎你加入经院杂志社！我一下子从床上坐起来，兴奋得睡意全无。太棒啦，我的面试通过了！我仿佛听见了整个世界在说："Oh，yes！You are the best！"

【名言经典】

　　我觉得坦途在前，人又何必因为一点小障碍而不走路呢？

——鲁迅

　　即使是最幸福的工作，也会有 200 次辞职的想法，50 次想撂担子的纠结……坚持，是最好的品质。

——微博语录

李可凡的竞聘演讲

尊敬的老师、同学们，大家好！

　　我是经济学院 2010 级国际经济与贸易专业的李可凡。很高兴今天能站在这宽阔而耀眼的讲台上，站在你们面前，带着真心与梦想，为竞选学生会主席而演讲。

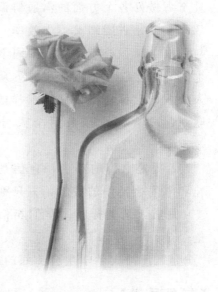

　　两年的学生会工作让我深知，想要担任学生会主席需要具备全面的能力与才干。学生会的历练，让我提高了沟通能力和协调能力、大局意识。

　　记得刘老师曾经对我们这样说过：作为一名学生干部，要有坚韧的耐力、十足的动力、感恩的心态和饱满的热情，而最重要的是有始有终。我认为动力来自于热爱。我热爱学生会的工作，两年来我始终如一，将其当作是自己的事业去做。将饱满的热情挥洒到每一项工作、每一个细节当中。我的性格被磨砺得更加坚韧，我的心智被磨砺得更加成熟。在磨砺中，我懂得了作为一个领导者，不应只会严词厉色地下达命令，而更应知人善用、宽以待人，同时应该虚心做事，坦荡做人。我也深知一个领导者不是要成为天空中最闪亮的明星，而是要甘愿做一片天，做最美星空的黑色背景。

　　作为学生会的干部，我的宗旨就是全心全意为同学们服务，用公仆的态度践行诺言。团中央陆昊书记在建团九十周年大会上讲话指出：共青团要进一步增强引导青年和提高服务青年的能力和水平。如果我能竞选成功，我将会在老师的带领下更好地做到以下两点：一是保证学生会朝着正确积极的方向发展。不断增强学生会在大学生群体中的积极影响。二是加强学生会与广大同学之间的联系，提高广大同学对学生会的关注程度。要密切联系广大同学，深入了解他们的所思所想，将其及时地反映到有关部门，加大督促解决的力度。

同时，我还要努力做到以下两点：一是讲原则而不失风格。在具体工作中坚持严格按照老师的要求，高标准高效率地去完成任务，并且努力做好各个方面的沟通协调，争取达到老师和同学都满意的共赢效果。二是讲团结又不失效率。在学院的各项活动中，既亲力亲为参与其中，又积极带动更多的同学形成合力，努力为学院争得荣誉。

学生会是一个部门和成员众多的大组织，在信息传递、反馈以及人力调动上都易出现这样那样的问题。因此，要加强部门与部门间的联系与配合，并且采用个人分工负责制，以提高工作的专业性和效率。

希望是自信的动力，自信是成功的源泉。我坚信，通过今天的洗礼和学生会工作的锻炼，一只稚拙的雏鸟必将长起丰满的双翼。

最后，请老师和同学们相信我。给阿基米德一个支点，他将撬起整个地球；请你们给我这个支点，我将不辜负大家的信任和期望，"撬起"蒲河大学学生会美好的未来。

【辅导员说】

大学生活充满了机遇和挑战。有选择地、努力地去试试吧，尝试会使你更坚强，更自信。在尝试中成长，收获成功的喜悦。在尝试中成长的人，才能品尝到青春的滋味。

【多知道一点】

学生会工作要诀：

"一勤"：做人要勤快。尤其是刚加入学生会时，一些工作往往会交给新成员，要帮得好，就要嘴勤、手勤、脚勤。

"二快"：响应快，接到通知，无论身处何地，都要在第一时间回复；速度快，安排下来的任务，要立即执行并及时完成。

"三多"：多观察，观察身边的人和事，找准谁是事情的关键人物，确定做事的顺序和轻重缓急；多思考，思考下一步该做什么，以后怎么发展；多做事，该做的要做好，该别人做的也要尽力帮忙。

"四交流"：与同学交流，与之融为一体，才能真实了解广大同学对学生会工作的希望和要求；与各成员交流，彼此多交流工作心得，学会相互配合、共同完成任务；和部长交流，了解工作目标，处理好全局和局部的关系；和辅导员、班主任交流，经常向其汇报工作的情况，取得其支持和指导。

"新贵妃醉酒"记

又要开迎新晚会了，因为会一点儿琵琶，所以我也报名参加了。负责我们乐器组排练的是一位很好的学长，经过我们大家的讨论后，节目就定为《新贵妃醉酒》。我们的团队十分强大，融合了东西方的乐器：古筝、二胡、琵琶、长笛、小提琴、吉他、电子琴等。排练过程中发生了不少感人故事，每个人身上都有令人佩服的闪光点。

首先是我们的学长，他是我们这个节目的领导，他总是悉心地照顾到每一个人，他说希望我们每个人都有一次上台展示自己的机会。节目从排练到上台并不是一帆风顺的，乐器不够了，学长就想办法去借；检查节目时，每每受到批评后，他总是鼓励我们，说大家其实已经很棒了，同时又积极想着改进节目的方法；即使最后，我们的节目险些被取消，是他想办法沟通，将其安插到了其他节目中。最终真正实现了他当初的想法，就是让我们每个人都有一个上台展示自己的机会。对于为节目付出了太多的学长，我要说声谢谢，没有他就没有我们的《新贵妃醉酒》！

第二个要感谢的就是曹姐了。曹姐琵琶水平是一流的，除此之外她还精通其他各种乐器，并且主动承担了我们节目的谱曲和整体效果的把关。这种任务如果不精通乐器、并拥有较好的乐感是无法胜任的，而她真的做得很好。她在这个节目上也付出了很多。我们俩是一个寝室的，我看见她几次熬夜编写曲谱，又听了无数遍。她为我们每一种乐器都编写一份曲谱，最后配合到一起，真的很不错，很有层次感，而且能够展示出每一种乐器独有的声音，综合效果也是出乎我们每个人意料的好。我们都打心底里佩服她的才能。她是一个追求完美的人，在演奏中的每一个细节她都会注意到，并且要求严格，这就难免会"伤"到谁，但是我们有着同一个目标，那就是保证节目精彩，所以我们都很理解，尽力配合。她不仅这样，还为我们解决了很多其他难题，比如在排练中古筝的琴弦断了，她就托人到琴行买来琴弦。她总是能 hold 住全场，很有"一姐"的范儿，如果没有她的整体指挥，我们的排练将难以成功。她的勤奋和才能让每个人在心底里为她竖起大拇指。

　　然后说说我自己吧，就如同每个人一样，我也希望能够上舞台展示自己，但我是一个容易怯场的人，明明准备得很好，但是一到老师来检查节目时我就紧张要命。有一次检查节目，我弹到一半就弹不下去了，下台之后我大哭了一场，一面气自己是胆小鬼，一面气自己失去了一个别人想得都得不到的机会。这时，是曹姐在一旁耐心地安慰我，她说她曾经甚至比我还糟糕，但就是因为她不退缩、勇于挑战，才有了今天这样一个充满自信的自己。尽管是这样，胆小的我还是无法去面对，经过一夜未眠我决定退出这个节目。我请其他同学帮我把琴拿回来，然后就再也不去排练了。但是令我没想到的是，在曹姐的示意下，所有排练的人将我的琴强行"扣下"，然后"命令"我必须按时参加彩排。就这样，我又回到队伍当中了。其实，在我决定退出的时候也很不舍，现在想来，如果当初不是所有人的挽留，我真的会一直遗憾下去。在这里，我要感谢《新贵妃醉酒》节目组的每一个人！

　　还有其他的成员我就不仔细介绍了，他们中有高超的贝斯手；能够自弹自唱帅气的吉他手；还有弹古筝的姑娘们，她们有一种古典的美，带我们走进了一种很清新的境界。还有我们节目最重要的两位人物，那就是演唱者"陛下"和伴舞的美女。"陛下"的嗓音洪亮，高低音和男女生版都掌握得很得当；伴舞的女生身体柔软，在"陛下"周围翩翩起舞，两人配合得十分默契。正是在大家的集体努力下，节目在正式演出时获得了成功。

【辅导员说】

那次迎新晚会十分成功，它是100多名同学共同努力的结果。《新贵妃醉酒》节目只是从一个侧面反映出了演员排练时的点点滴滴，而大学的每一次活动，不仅是台下排练和登台演出的过程，更是浇灌友情、培养团队凝聚力的过程。每一次活动，都会给同学们带来很多惊喜，甚至是震撼。当然，我们也知道同学们所展现给大家的分分秒秒，甚至一个小小的细节都饱含了万分的努力。还记得一次艺术节上，我们院的舞蹈出现了小小的失误，演出结束后所有的参演同学都哭了，他们觉得让大家失望了。可是作为辅导员，我看到的是他们所付出的努力和收获的成长。那些小小的失败只是成长过程中的插曲，同学们永远是老师的骄傲！

【名言经典】

卓越的人的一大优点是，在不利和艰难的遭遇里百折不挠。

——贝多芬

宣传那点儿事儿

　　社团节那天我报了一个英语社团，并很荣幸地进入了宣传部。我心里那叫一个高兴啊！以前室友们都有归宿，只有自己孤单一人无"组织"，每天看室友金怡起早贪黑忙社团，好生羡慕啊！现在终于有"组织"接纳我了，好期待社团赶紧派个活儿，也让我忙一次。

　　在我的盼望中终于迎来了社团的第一次任务——为一个讲座画海报。我的第一份工作开工喽！

　　我怀着激动的心情，早早地来到食堂三楼，找个空位坐下，等待着学姐和同学们的到来。看着食堂来来往往的同学，心中又一种感慨，这儿就是我们将工作的地方啊！想想那些创立社团的学姐学长们真是不容易。条件如此简陋，没有固定的工作地点，没有经费就自己掏钱；没有任何人强求他们，没有任何利益，完全是出于自己的兴趣，这岂是一般人能做到的啊！

很快人都到齐了，学姐开始分配任务：每人画一张海报。要求很简单，只要用自己的创意把主题表达清楚就行。这个看似简单的任务，却把我难住了，宽泛的条件反而让我不知所措。我没学过美术，也没有艺术细胞，看到那些如有马良神笔的同学，我是既羡慕又无奈啊。没办法只好硬着头皮上了。

开始干活儿啦，没有人再说话，只有铅笔沙沙地在纸上留下大家的奇思妙想，只有橡皮轻吻着纸面牺牲着自己的生命为大家擦去败笔。多美妙的夜晚啊！原来和一群志同道合的同学们一起完成一件自己喜欢的事是如此的幸福啊！

突然一声"我画好啦"打破了寂静。同学们纷纷抬头望去，那是一张漂亮的画报：

版面设计得简洁明了，俏皮而不失稳重的字体与明快的色彩相得益彰。再看看我自己的，好难看啊，一丝失落划过心头。人总是喜欢比较，一比较就容易发现自己的不足。

没办法了，谁让自己天生没有艺术细胞呢！再难看也是自己一笔一笔画的，只好尽力画完剩下的。终于，在我的一番折腾下，一幅海报呈现在画纸上。自我感觉良好，仔细看看也不至于那么难看嘛，不禁沾沾自喜起来。一想到明天自己的"大作"将会被贴在校园的某个角落，全校 3 万人中，总会有人驻足几秒钟去阅读，一种成就感油然而生。这次虽然只是画了一张小海报，却让我兴奋好久，毕竟我也真正体验了一把在社团工作的滋味。

冬天悄然而至。11 月 10 日，"光棍节"的前一天，沈阳飘起了雪花，好美啊！洁白的雪花随着寒风轻舞飞扬，撒向大地，这就是塞北的雪啊！

很快社团又有活动了，要举办一场英文歌曲大赛，又到了我们宣传部大显身手的时候了。可这次我怎么也高兴不起来，再过两天就要考微积分了，我还没复习好呢……却还要花一个晚上去画海报，心中好一阵纠结啊。但是最终我仍然决定去画海报了，因为这是我的职责。

这次任务和上次差不多，一人画一张海报。有了上次的经验，我很快想好自己要画什么了。因为心里着急去复习微积分，我简单地用铅笔随手勾勒出草图，就开始上色。但是越画心里越烦躁。那些数学公式，那些做错的题上的红叉像幻灯片一样闪过脑海。焦躁，焦躁，还是焦躁！偏偏这时画笔没水了，再使劲也画不出来，什么都跟我作对，不想让我早走！那种感觉压得我喘不过气来。我三下五除二地草草画完，看着那满纸花花绿绿的涂鸦，觉得自己好不负责任啊！手上做着一件事，心里惦记着另一件，还吹自己是一个负责任的人。

见我这么快画好了，学姐又分配给我另一件活儿——写艺术字。我崩溃了，看来我今天是别想走了。我心里很不情愿却还要装出乐意接受的样子，那时我觉得自己好虚伪啊。无奈之下，只好再坐下来，再次拿笔，再次涂鸦。忽然，一位学长拎来几杯奶茶，捧在手心里很温暖，刚才的烦闷一扫而光。不经意间抬眼望去，窗外雪花依旧飞舞，窗台上积起了厚厚的雪。现在外面应该很冷吧，而我捧着热茶，做着曾让我欢喜无比的工作，这应该是冬天最大的幸福了吧。

【辅导员说】

每一个丰富的大学生集体活动背后都有一个或多个社团在起催化剂的作用。在社团里，成员们默默地工作，丰富了校园生活，自身也会获得成长。请珍惜每一次锻炼的机会，让自己的大学生活更精彩。

【名言经典】

一个没有受到献身的热情所鼓舞的人，永远不会做出什么伟大的事情来。

——车尔尼雪夫斯基

在"菁音乐社"的日子里

选择十分重要，人的一生就是由一系列选择构成的轨迹。对于一个问题，我常常希望做出"多项选择"，以达成自己心中较为完美的结果。我想，自己确实有点儿幼稚。

事实证明，我真的很幼稚。高考那年，我考出整个高中阶段最差的成绩。当时我并没有特别郁闷，因为幼稚的我心中只有一个念头：书是真的念够了，终于结束了，爱咋咋地吧。于是我选择到蒲河大学就业很好的金融专业学习的同时，却又选择了每天休闲娱乐不学习。当时的我计划得很明确，大学生活是我人生的第一个

黄金期，第一个黄金的四年，我要最快乐地度过。其实到现在我也没有改变这个计划，而且我的确就快达到我计划的目标了。只是我觉得，经过了两年多的时间，我的这个多项选择、我的这个计划已经不再如当初那么幼稚可笑了。

事实上，我的计划并没有完全按照自己的心意执行，中间甚至一度要偏离轨道。大一的时候，我总有一种野孩子的感觉。我常常不在学校，跟朋友、同学们四处游玩，唱K、逛街、去网吧通宵……每天尽情地释放压抑已久的热情。我至今记得沈阳凌晨的街灯照在身上是一种怎样的感受。那天我从一个朋友家回来，在公交车站等了好久好久，看着路上行色匆匆的人们，突然我觉得自己好像丢了归宿。我开

始问自己，到底想要什么。我想起自己的大学计划，我希望最开心地度过人生这第一个黄金期。然而"最开心"难道就是指每天每天地上网，每天每天地唱 K，每天每天地呼朋唤友、游手好闲，每天每天地夜不归宿、日夜颠倒吗？没错，上大学之后我过上了自己从没有过的生活，但是我发现这种生活并不是我真正想要的，并不能使我真正地快乐。幼稚的我只是在可能的多项选择中，选择了一种彻底的逃避。

那次从家里回到学校，我带回了自己的电子琴和电吉他。好久没弹过，手特别生。但是碰到琴键和琴弦的那一刻，我那根为音乐跳动了 20 年的神经又一次回应了这种刺激。我对音乐的热爱非常单纯，我只是把它当作自己的一种表达方式。至今我仍然清晰地记得为了讨一个女孩喜欢给人家写曲子的情景，傻得不堪回首啊……寝室有了琴声，渐渐就招引了同样喜欢音乐的哥们儿。其中有一位当时在院里是学生会文艺部的学长，我们特别谈得来，我经常把吉他借给他玩。不过我一直不理解他为什么进入文艺部，我觉得学生会是约束人的地方，想想都喘不过气。直到有一天，我记得非常清楚，我住在我一个朋友家，早早起来回学校上课，在出租车上接到学长的信息，想让我进入院里新成立的菁音乐社。我真的是想都没想就拒绝了。我说我太散漫，不适合加入那样的组织。之后的几天，他经常跟我说进入团里的事情。我觉得跟他关系不错，不能总不给人家面子，然后就又一次做出了"多项选择"：选择进入合唱团的同时，选择不去排练。结果没想到学长直接让我做男低声部部长，得教其他人唱歌。教歌倒是小意思，谱子一看就懂。我只是觉得很费时费力，而且也不能不去排练了。我的"多项选择"就这样泡汤了。

事情进展得十分平稳，最后的结果却让我自己也难以相信。我很负责地每次都去教歌，结识了好多新朋友。每次去教歌，最开心的其实是看见那些非常要好的哥们儿，说说笑笑轻轻松松，忙了一天之后在晚上的时间一起唱唱歌。当然这占用了我出去上网、闲逛的时间，心里还是有些不爽。然而菁音乐社确实越发展越大，越发展越成样子了。一开始我们只是合唱，后来开始搞乐器，再后来直接变成了音乐社团，尝试各种各样的音乐形式。我很单纯地继续做着自己的工作，

145

结识越来越多的朋友，不知不觉间突然发现，以前上网的时间我现在在写曲子弹琴，以前跟狐朋狗友闲逛的时间我现在在跟同学们排练节目，以前网吧通宵的时间我现在在思考编曲，想得兴奋得睡不着。这让我自己也觉得奇怪，包括我在写这篇东西的时候，就想我怎么会变成这样的。

我想起团里都是同年级同学，当初只练一首合唱曲子，唱了多少遍都是那一首，每个人都有点儿烦；可是当大家的声音一起唱出来，突然就有一种成就感。

我几度想要离开合唱团过自己的生活。可是当要好的哥们儿说："你走了没人能教歌教得这么好啊！"当女高声部长又一次兴奋地跟我说我们的节目排得太好看了的时候，我瞬间感受到自己的价值，仿佛全身充满了力量。

我想起换届的时候一批高年级同学离开了菁音乐社，想起我们由于社团扩展而要争取一间可以存放设备的教室而与各方面沟通协调，想起我们曾经失败的演出和没能给院里争光很多人流下的泪水，我突然懂得坚持是多么高尚的美德，我真有些为自己的坚持感到骄傲。

到后来，我发自内心地感谢敬爱的学长，一直支持我的朋友们和帮助我、指导我的老师，最重要的是创建社团的领导和辅导员们，是他们给了我这样一个机会，让我上了这样的人生一课。

现在我每次回顾自己的大学计划，那个"多项选择"，总能觉得自信满满。重要的是，我为自己曾经幼稚的选择，添加了深刻的内涵。我快乐地享受着自己大学的生活，因为我加入了一个能够体现自己价值、让自己十分充实的社团。也许多年以后，回顾这段经历，这的确将是我人生最黄金的四年。

【辅导员说】

这个故事深深地触碰了我的心灵，因为我亲眼见证了这位学生的蜕变过程，并为之欣喜。人生是自己的，每个人对于未来都有着无数的选择，而你所做的选择会影响到你的未来。也许你正在纠结于如何选择自己的人生，也许你也在"多项选择"，以达成自己心中较为完美的结果。但无论如何，像这个学生说的："重要的是，我为自己曾经幼稚的选择，添加了深刻的内涵。"为自己的选择加上内涵，让自己懂得感恩，在社团中和其他的活动中成长进步，也是老师们所希望的。

【名言经典】

栽种思想，成就行为；栽种行为，成就习惯；栽种习惯，成就性格；栽种性格，成就命运。

——李嘉诚

【多知道一点】

改变自己就是改变命运：

1. 如果想改变命运，最重要的是改变自己。别人决定不了你的命运；"上天"也是，它只是给你安排磨砺的机会让你自己来决定命运。

2. 改变命运，要从改变内心开始；只有改变了自己的内心，才能真正地改变自己的命运，否则可能是越改变越坏。

3. 有什么样的看法，往往就会有什么样的命运。改变是向好的方面还是往坏的方面，完全有赖于一个人对自己和环境的认识。

4. 用正确的方式审视自己，一切都会改变的。总是顾影自怜、孤芳自赏的人走不进别人的心里，别人也走不进你的心里。尝试着改变审视自己的眼光，或许生活将变得轻松愉快，事业将变得一帆风顺。

5. 习惯都是自己养成的，因而有能力改变它。习惯一旦形成，它就会控制我们，但是我们都具有"反控制"的能力；我们既然是自己养成了习惯，当然也有能力去除认为不好的习惯。

147

7. 穿越时空的体验

　　大学是集中学习专业知识的阶段，同时也是步入社会的准备阶段。你不能将自己完全禁锢在象牙塔中，而是要学会利用各种途径了解和接触社会，以获得"穿越时空"的体验。

在"春雨"沐浴中成长

"春雨"全称为"春雨爱心工作室",是一个以"无私奉献,倡导文明,关爱同学,服务社会"为宗旨的公益性学生组织。

2012年9月一个周六的早晨,天气微凉,蒲河大学的校园静谧安宁。当天我接到了加入春雨爱心工作室后的第一个工作任务,即响应辽宁省助老爱老基金协会的号召,为孤寡老人进行社会募捐活动。我有些兴奋,因为这也是我进入大学后与社会的初次接触。

对于刚迈入大学的我和社团里的其他"新人"而言,与陌生人攀谈,是很具挑战性的。但当我们想起那些老人清贫的生活时,便鼓起了勇气。我被分到和若澜一组,由于缺乏经验,最初的募捐游说并不成功,与商贩的交流磕磕绊绊、不知所云,被拒绝后更是有些心灰意冷。经过不断的尝试,我们逐渐掌握了要领,也不再气馁,即使被拒绝也愈挫愈勇了。最初我们并没有制订计划,这是在前几家游说失败的主要原因之一;后来我们重振旗鼓,制订了计划,明确了分工:我首先进行自我介绍,然后由若澜对协会以及本次活动的目的进行简单讲解，在对方犹豫时，动之以情、晓之以理，最终达到目的。

有效的沟通是成功的第一步，这是我在初次活动中所获得的最深的感触。

大一下学期，一个机遇使我有幸从一个在学长指导下的"新人"变成了活动的组织者。老干部大学英语角活动，在"春雨"成立之初就已是常规性活动，该活动主要由"春雨"定期带领志愿者到省老干部大学，与老年人进行英语角互动。这次我有幸担当了这次活动的联系人与组织者。

由于当时的我没有独立开展过工作，手里的资源仅有副部交代的电话号码。我想一定要把这次活动办得完满，因而我不断地自我鞭策。至今还记得那令我痛苦却又满足的一周。那一周内，我不停地联系各项事宜，电话不离手，忙得不亦乐乎。虽然辛苦，但当我在活动地点看着老年参与者以及志愿者们兴高采烈地用英语交流的时候，我觉得自我价值得到了充分的提升，我真的很幸福，很有成就感。

第一次开展活动是艰辛的，但之后就变得十分顺利。在大学期间，我组织这样的活动大概有八九次，虽然现在已经交给其他同学负责，但我对这项活动的感情一直不变，它让我学会如何独立解决问题，如何协调沟通。

如果要问我大学最庆幸的事儿是什么，我会毫不犹豫地回答是加入"春雨"。因为，是"春雨"的校外实践活动，打开了我的象牙塔之外的世界；可以说，"春雨"是我步入社会的一个桥梁，通过这个桥梁我发现外面的世界并不陌生。

【辅导员说】

大学不仅是一个汲取知识的殿堂，也是一个通向探索社会的桥梁。大学里丰富多彩的社团活动，不仅为学生提供了诸多近距离接触社会的契机，更提供了一个交流的平台。同学们在合理安排好学习时间之余，应该多参加一些社团活动，从中锻炼沟通交流的能力，提升自己的组织协调能力；而这些能力，是即将来步入社会极为宝贵的财富。

我与我的师父

2013 年暑假，我有幸申请到了绿城销售咨询有限公司的实习机会。实习第一天，我怀着紧张、兴奋、好奇的心情乘坐绿城的班车上班。熟悉了一下环境之后，绿城为我们每个人都配了导师，王祺老师与我从此成为师徒。

师徒结成后，其他师父都主动、友善地与自己的徒弟聊天，而我的师父只看了我一眼便离开了。我当时心里很别扭，不知道师父是不是因为不满意才不理我的。我追了出去，想主动跟师父说说话，可出去一看师父已经在谈生意了。我叹了口气，暗自告诉自己别紧张，不要多想。

我在一边静静地看着师父送走了客户，忙上前去想跟师父打招呼，可师父又只是淡淡地看了我一眼，就像看到一个陌生人一样，面无表情地从我身边走过。我当时有些困惑，直到后来与师父熟悉后，才发现师父并不擅长交际，只是喜欢静静地做自己的工作罢了。

既然不能改变师父，就得改变自己！

刚开始几天，看到师父忙的时候我就问："师父，有什么我力所能及的事吗，我想帮您。"师父总是看也不看我就说："没有，你该干啥干啥吧。"每当这时，我都会说："师父，我来了绿城，你就是我师父，我就是你徒弟，帮您是我应该的，不用我你就吃亏了。师父，我能干好活儿！"

每次师父说没事，我都重复上面的话，我相信如果我满腔热情，师父不会一直拒绝我。第六天的时候，我又跟师父说了这一番话，这次师父看我了，虽然仍面无表情，但是他看我了，并且指着一个客户信息说："把这些录入系统，你会吗？"我说："师父，我现在还不会，但你给我演示一遍，我能保证很快就能学会！"我以为师父会再次不理我，没想到这次师父竟然坐下来，一点点地演示给我看。我窃喜：终于让师傅感受到了我的诚意。

接下来的日子里，早上我会给师父打好一杯热水放在桌子上；中午我会先给师父盛好饭菜；晚上我都会跟师父说："师父再见，开车注意安全"，然后再离开。每次师父谈完客户，我都会主动提出带客户去财务交款；每次签完协议，我都会抢先代替师父去签字盖章；每次公司布置作业，我都会认真及时地和师父一起完成……师父虽然从没跟我说过"谢谢"，但我相信，我的热情肯定会感染师父，让师父觉得我这个徒弟当得不错。

日子就这样一天天过去了，师父对我的态度也渐渐好起来。实习快要结束的时候，师父对我说："徒弟，你现在就像是我的左膀右臂一样。"这是一个月来我第一次听到师父表达感情，我激动得都要掉眼泪了。师父说，毕业了联系他，他可以把我推荐到一家著名的房地产公司。不仅是欣喜，更是感动，这一段以来的热情和主动，终于都得到了回报。

就像那一句"我爱你，与你无关"；将来无论学习还是工作，无论从事什么样的工作，只要认真地践行这句话，成功之路都会变得平坦。这是我在绿城最大的收获，也是我未来道路上的座右铭。

【辅导员说】

"我爱你，与你无关"，可以理解为爱一个人不求得等同的回报。我们常常期待自己付出的努力能够得到预期的回报，未能如愿便会心态失衡，全盘否认自己或是指责他人。事实上，只要坚持做好自己，从不断完善自己的角度出发，总会有这样或那样的收获，正所谓"不忘初心，方得始终"。

【名言经典】

古之立大事者，不惟有超世之才，亦必有坚韧不拔之志。

——苏轼

　　能够把自己吃的苦当做对自己的磨炼，这说明你已经准备好为自己的梦想去拼搏了。

——《职来职往》达人：唐宁

关乎"民生"的体验

《圣经·创世纪》里说:"你必汗流满面,才得糊口。"

为了让我们知道什么才是真正的生活,我们经济学院在校内组织了一次"感悟民生"的社会实践活动,其要求是:为自己赚一顿饭钱。

对于我们这些一直的"纯粹受益者"来说,生活资料从来百分之百依赖于父母。对于甘罗12岁拜相、霍去病19岁大破匈奴以及乔布斯、比尔盖茨等少时名满天下的古今人物,原来我们只是将其当作教科书中催人奋发图强的例子。但是,这次活动却给了我一次能够施展"抱负"的机会。

我开始寻找商机……

谋职之路,小事起步,得从最基础干起;敲敲键盘就来钱的事儿不是没想过,投资经商办企业也曾考虑,但最后认为脚踏实地才是最重要的。考虑当今正提倡大学生树立多种方式就业观和职业平等观,我果断放弃了上述想法,决定先从简单劳动开始。

简单的实践也是实践,赚钱就是民生,吃饱才是真理。北大毕业生尚且有卖猪肉的,蒲河大学的大一学生从事简单劳动理直气壮!在此"伟大战略思想"的指导下,我打起了学校里那些商店的主意,看看能从他们那里捞点什么活儿,结果却是一上午的连续碰壁。我坚持锲而不舍的精神,不屈不挠地一家家找,众里寻他千百度,终于在灯火阑珊时找到了一份与广大群众见面率很高的职业——商铺传单派送员，幸甚至哉！

第二天早上，我领了一大摞传单，踌躇满志地在校园的路上转悠，观察着来来往往的人群，不由得踯躅起来。

其实，令我迟迟出不了手的根本原因在于我扯不下已经冻得发红的脸皮。想起我从前若无其事地走过那些发传单的人身边，对他们"无私的"给予不屑一顾，真不曾料到我也有今日。想到孔子自云"少时贫且贱，故能行非常之事"；再想想实践任务总是要完成的，传

单总得要发出的，我毅然决定对他人冰冷的态度予以忽略。不过，我的手脚却无法抗拒当时冰冷的世界，零下十多度的气温严重削弱了我的持续战斗力，一摞传单我用了几个小时才发完。但我已经学会了很自然地像篮球中锋的卡位一样用巧妙的步法放慢路人的脚步，找准合适的时机落落大方让他收下我的"礼物"。

我用一天的劳动换来了与付出的艰辛极不相称的40元钱，但我心中充盈着的喜悦与充实却远非钱可以衡量。与马可·奥勒留夸耀从他的父辈和老师那里学到了良好的品质不同，我从简单实践中学到的是生活的艰辛与不易，并且认识到纵然是最简单的实践也是值得尝试的挑战。无论如何这是一个不错的开始，而我也将记住这份不易，鼓舞自己在未来的生活中坚持不懈地走下去。

【辅导员说】

梅花香自苦寒来，学习如此，生活亦如此。一碗饭，一瓶水，离我们不算远，但当我们为它们而奋斗时，是那样的不易，那是汗水、时间、精力的交换。知晓此理，我们就会从小事做起，从细微起步，如此就会不断地沉淀，就会逐渐地提升我们的生存能力和精神境界。

【名言经典】

民生在勤，勤则不匮。

——左丘明《左传·宣公十二年》

再长的路，一步步也能走完；再短的路，不迈开双脚也无法到达。

——微博语录

实践成就梦想

　　她的家境相当好，上大学前过着衣来伸手饭来张口的生活；但当她读到股神巴菲特的儿子彼得的励志故事时，便暗下决心：上大学后要成为一个自主自强的人。

　　初秋时节，已经是大一新生的她，走在彩旗绚烂的操场上，看着校园内丰富多样的社团，寻找那个能让她圆梦的地方。仅凭一个男孩的演讲，她找到了她大学梦的起航跑道——学习与实践社团。大一的她，除了平时上课，挤出课余时间勤工俭学，张贴传单海报、家教、校内校外促销员，在满足自己日常生活费的同时，她也锻炼了社会实践能力和语言表达能力。正因如此，她被选入了校学生会外联部。转眼一个学期过去了，她迎来了大学的第一个暑假。当周围同学想着早些回家和家人、朋友团聚的时候，她想的是怎样利用假期的时间去赚第二学年的生活费。一个人来到繁华的街上，寻找着她的希望。莫名的，她走进一个家教中心，想应聘老师。一年大学生活的磨炼，加上从小家庭环境的影响，让她谈吐间很难被看出是个刚满 19 岁的青年，这让家教中心的负责人很满意。聊久了，她才知道这个家教中心是已毕业的学姐开的，学姐也很欣赏她的想法，将她安排在一个分部代课。白天她代课，晚上就睡在办公室的沙发上。每天 8 点开始第一堂课，晚上 9 点才结束最后一堂，有时候时间紧了可能一天连一顿正经的饭都吃不上，煮了泡面就算是一顿了。她备课很认真，每个晚上，她都在备课和憧憬中度过。暑假结束时，她领到自己一个假期的酬劳，然后跑回家，自豪地掏出自己的劳动所得，得意地对妈妈说："你看，这是我挣的钱！"。

　　大二开始了，她开始重新思考接下来的学习目标以及如何尽早接触社会锻炼自己。大二的下学期，当她以优异的成绩被选为学校第四十届学生会外联部部长的同时，她有了自己固定的合作商家，有了每月固定的沈阳各高校的校园活动。但此时的她，已经不再把简单的社会实践看成自己的全部锻炼了。她结交了沈阳及周边多所高校学生会及社团的领导者，她的电话本里有超过 500 个电话。她每天想的是：我要自己有一次创业，我要定格自己的未来。

大三的暑假，她把自己平时攒的钱分了几份。一份报了学习商务英语和口语的假期班，一份决定开启属于自己的基金定投账户，其余投资经营了一家小的家教中心。此时她脑海里浮现的常常是李开复的理智、徐鹤宁的干练、巴菲特的敏锐。她想要成为不一样的人，一定要学会丰富自己，学会赢得财富，学会经营人生。

春的辛勤耕耘，是为了秋的更好收获。毕业在即的她，充分利用了大学期间社会实践的优势，认真对待每一次面试的过程，认真准备中、英文材料，拿到了几家大公司的面试通知，最后过关斩将进入了她梦想的世界五百强企业——玛氏。这是她一直向往的甜蜜事业，她憧憬着自己能成为第二个徐鹤宁。与此同时，她低调经营的那家家教中心虽然规模小，但是经营顺利，录用体制逐步完善，多元化的教学模式吸进了多名优秀老师和课程顾问，已初具规模。

回顾忙碌的大学四年，她哭过，笑过。但是，她始终认为：即便她可以一直依赖父母，甚至未来她可以去依赖另一半，但终究自己是独立的个体。在这个世界上，应该通过双手创造属于自己的生活，如此人生才完整，而这一切才刚刚开始。

【辅导员说】

在大学里，有这样一类人，他们从入学开始便认真思考未来，尽早接触社会，即便家境富裕，自己依然努力创业。他们每天忙忙碌碌，经历过诸多磨砺，有时候也会想要放弃，但是终不退缩。他们相信靠自己的努力能够成就一个更美好的未来。我相信，那些笃定相信自己，并不懈付出努力的人最终会走向成功。

【名言经典】

这个世界不是有钱人的世界，不是有权人的世界，是有心人的世界。没人相信自己就自己相信自己，没有人祝福自己就自己祝福自己，因为只有自己读懂自己，世界才能读懂你。

——微博语录

8. 手心里的太阳

　　亲情、友情、爱情，在每个人的生命中交织成独具特色的情感奏鸣曲。步入大学，"90后"们在情感的漩涡中翻滚纠葛，或顺遂或坎坷，或愉悦或痛苦……真挚的感情就如你手心里的太阳，让你及周边的人感到温暖。从心开始，拾起那份最本真的爱。

美丽的负担

接到老妈电话时我在自习室学习——老妈说明天要来看我。上大学以来，她还是第一次来看我呢。周六上午像往常一样起床，换了件干净衣服，头发也梳得也比平常仔细了，匆匆跑去车站。

公交车上很挤，连抓扶的把手都够不到，头发也被挤乱了。乘客身上的汗味儿、烟味儿还有一股盒饭的味儿，让昨天刚洗完澡的我又蒙上了一层"灰"，心里很不爽。从学校到火车站是两个终点站的距离，中途一直没座位，到站时脚都麻了，下车没站稳，一脚踩到了泥里。今天天气刚刚回暖，雪化了一地的水和泥。当见到老妈时我已经狼狈不堪了。"妈……""小丫头，怎么上大学了连头都不梳了？"见面第一句话竟然是

这个，我本以为会是"宝贝，想死妈妈了！"手上接过老妈带来的特产，心里却一千个不服气，我明明是好好梳了头的。天有些阴沉，起了一层薄薄的雾，心情也莫名其妙的不是太好。妈妈来看望应该是特别高兴的啊？我从初中开始住校，那时老妈来看我，准带一堆好吃的，给同学分老妈做的生炒鸡，看她们一脸羡慕地说你老妈厨艺真好的时候，我是多么的自豪。六年过去了，在外面住习惯了吧，对回家的渴望变淡了。我是大学生，不再是小孩子了，我不喜欢老妈叫我小丫头，但从来没有对她说过。肩上背着包，手里提着袋子，站了一个多小时我真的很累了。但我仍固执地拎着重重的东西，赌着气。

　　不知道从什么时候开始，我和老妈之间出现了一层隔膜，沟通越来越少。我希望我们像朋友一样，相互了解又保持距离。显然事实不是这样的。老妈每次打电话总要嘱咐我要如何如何学习，但我偏偏是那种喜欢自主学习的人，在这一方面我很自律，她这样说让我觉得她好像不信任我。老妈喜欢看我的手机、我的电脑、我的信和日记本，虽然每次都经过我同意，但我还是很不情愿，好像被人监视一样。我在回家之前总要删掉我下载的电影之类的东西，不想被老妈看到，不然她又要说我不好好学习了。老妈喜欢说教，可能因为她是老师的缘故。她总是在我玩得高兴的时候进行"爱的教育"，我听得不耐烦了她又说我不喜欢她。我哪有！不喜欢自己的老妈？我就那么不孝顺吗？

　　到了宾馆，放下东西，我一脸倦意地躺倒在床上，动都不想动一下。"来，试试这件衣服。"老妈把我一把拉起来。"妈，我累。""刚多大点的小孩儿，知道什么是累呀，快起来，试试这件毛衣。"不容反驳的语气。我乖乖地套上那件大红色、样式很一般的毛衣，这不是我喜欢的款式。"好看不？""嗯，挺好的。"又一次说违心的话。"那就好。"老妈心满意足地露出了一个大笑脸。不知为什么，满心的不情愿好像阳光照耀下的雾霭，一下烟消云散了，忽然生出了一种奇怪的感觉，很高兴但不雀跃，还有一些酸楚想哭的冲动。也许，这就是所谓的感动吧。一些感情很微妙，明明什么都没做却让人说不出的舒心。前一秒还在赌气，后一秒却很开心，只是因为老妈的一个笑容。

　　相聚的时间总是过得飞快，我又一次来到火车站，这回是送行。临走前，老妈对我千叮万嘱，唠叨了半天，几乎覆盖了所有的领域。我不善于表达，有时我真羡慕老妈的三寸不烂之舌。她说的我都明白，甚至能猜到她要说什么，但这次我认真地听完了。"我知道了，老妈，放心吧。"火车渐行渐远，而我眼睛却有些模糊了。

　　记得上次老妈过生日的时候，我用攒了两个月的零花钱给她买了一瓶香水，结果老妈劈头盖脸地说了我一顿，什么总买些没有用的东西，又这么贵，什么有这些钱买点儿什么不好？当时我很委屈，这是我省吃俭用了两个月换来的。有一天，我发现老妈在偷偷洗床单，后来才知道，老妈把我送的香水放在床头，结果洒到了床单上。老妈是喜欢我送的礼物的，她只是不想我太奢侈了。每次放假回家，老妈总会做一桌色香味俱全的大餐，我们一家围着小圆桌，吃得不亦乐乎。我说好吃，老妈就会眉开眼笑地说下次还给我做。

这就是我和老妈，有的时候真想和老妈吵一架，但更多时候会像她心疼我一样心疼她，也许这就是亲情给予我们的美丽的负担吧。

【辅导员说】

亲情从来都不惊天动地，它像空气，清淡若无，却不可缺少；它像阳光，平静温暖，却是万物生长的源泉。无论你长多大，大学生也好，以后上班了也好，结婚了也好，在老妈的眼中你永远都是个孩子。珍惜你的家人，珍惜这份温暖的亲情，就像手心里的太阳，照亮你前行的路，融化冰雪，给你力量。

【名言经典】

母爱是多么强烈、自私、狂热地占据我们整个的心灵。

——莎士比亚

【多知道一点】

如何同父母沟通：

1. 主动交流。假期回家主动谈谈学校的事情，高兴的事、烦心的事都和父母说说，多听听他们的意见。

2. 认真倾听。父母批评你甚至责骂你的时候，先不要急着反驳，试着听听父母的说法，说不定你很快体就会父母的苦心。

3. 学会道歉。如果你错了，就不要逃避，更不能对父母"沉默是金"。只要主动道歉，你很快就会得到父母的谅解。

4. 控制情绪。学会控制情绪，避免顶嘴、发脾气的最好方法是多做几个深呼吸，离开一会儿，或者用冷水洗洗脸。

苏阳的爱

我叫苏阳，蒲河大学新生。虽然是双子座性格，却在大部分时间里安静、寡言，有些孤僻，偶尔神经质发作，会冒出鬼马或是疯狂的想法。一直秉承真实生活的态度，不习惯讨好，不习惯压抑，最不喜欢矫揉造作的人，最害怕失去，因为在这个世界上我得到的本就不多，所以更想抓紧手中的每一个人、每一样东西，小到玩偶，大到比如说爱。

其实只是渴望得到爱。所以，很努力抓住身边的每一个人，却发现有些事情，总是不能如我所愿。

从小父母离异是最不想提起的事情，不是羞耻，不是害怕嘲笑，只是不习惯用它来博取同情又怜悯的目光，这样的目光，即使出于好意，我也不需要。倔强的青春期，总是带着无来由的骄傲。叛逆地对待身边的一切，带着尖锐的刺。

记忆里关于父亲的部分残缺不全，零散的碎片已经不足以让我完整地拼凑出那个完整的男人。或许他是有着高大身躯、温暖怀抱和低沉声音的男子，但是这些都不再属于我。小时候肯定不懂事地问过母亲吧，母亲是怎么回答的现在已经忘记了，可能也只是出去远游之类的哄小孩的借口吧。懂事后懂得了离婚的含义，所以也不再问。

没有恨，是因为从来都没爱过。也许没有感觉的感觉才是最让人心冷的。或许在大街上曾遇见过他，只是他不敢认我，我也认不出他。父亲，这个称呼，好遥远。

无数次庆幸，还好，还有母亲，和她相依为命的日子，平淡又真实。

单身母亲总是辛苦的，一个人扮演两个人的角色，很累。只是母亲总是很努力地做到最好。给我提供最好的生活条件，给我报最好的学校。

只是，她的脆弱从没在我面前展露。从未在我面前哭过，让我一度笃定地认为，母亲是那么的坚强，从未需要依靠。

直到那个电话。

安静的晚上。

"喂。"

"苏阳。"母亲总是这么叫我，没有小名，没有昵称。

"下个星期，我要结婚了，你回来吧。"

胸口突然地收紧。

握着电话的手泛起一阵凉意，从指尖凉到了心底。

一如既往的平淡口气，却像一把尖锐的匕首。

眼泪不争气流下，手忙脚乱地收拾桌上的东西，制造出巨大的声响，身边有人侧目，却来不及在乎，飞一般地逃出了教室。

奋力地奔跑，奔跑……

回到寝室，空无一人，望着手机来自母亲的 13 个未接来电，眼泪无声地落下。

【辅导员说】

从上大学开始独立生活的第一天起，你就要学会照顾自己，学会独立地承受生命中的轻和重。我想对苏阳说：要理解母亲。你母亲虽然从没跟你说过自己的孤独和艰辛，但这并不代表它们不存在。如今你也长大了，应该祝福她重新找到自己的幸福。我们都应该学会温暖别人，像太阳般散发光芒；以前是母亲温暖你，现在你已经是一颗小太阳，应该是你去温暖你母亲的时候了。苏阳同学，我希望你能拿起手机，大声告诉母亲："妈，祝福你，这个周末我就回家。"

【名言经典】

青春会逝去，爱情会枯萎，友谊的绿叶也会凋零；而一个母亲内心的希望比它们都要长久。

——奥利弗·温戴尔

【多知道一点】

维系亲情 ABC：

A. 主动汇报。由于大学生多长期在外地读书，父母在家难免牵挂，让父母知道你的学习和生活，会使他们感觉你一直在身边，这会让他们放心。

B. 温馨问候。在节假日和亲人生日时，打个电话或发个短信致以由衷的问候。

C. 以"礼"相待。常给至亲的人买些小礼物，以示关心。

点滴的重量

晚上十一点，窗外下着小雪。我缩进被子里面，拿起闹钟，发现闹钟停了——忘换电池了。天这么冷，我不愿意再起来。被窝里给老妈打了个长途电话："妈，我闹钟没电池了，明天还要去面试，得早起，你六点的时候给我个电话叫我起床吧。"老妈在那头的声音有点儿哑，可能已经睡了，说："好，乖。"

电话响的时候，外面的天黑黑的。老妈在那边说："小桔你快起床，今天还要去面试的。"我抬手看表，才五点四十。我不耐烦地叫起来："我不是告诉你六点吗？我还想多睡一会儿呢，被你搅了！"老妈在那头突然不说话了。

起来梳洗好，出门。天气真冷啊，漫天的雪，天地间白茫茫一片。公车站台上我不停地跺着脚。周围黑漆漆的，我旁边站着两个白发苍苍的老人。老先生对老太太说："你看你一晚都没有睡好，早几个小时就开始催我了，现在多等了这么久。"

是啊，第一趟公交车还要五分钟才来呢。车终于来了。开车的是一位很年轻的小伙子，他见我上车之后就轰轰隆隆地把车开走了。我说："喂，司机，下面还有两位老人呢，天气这么冷，人家等了很久，你怎么不等他们上车就开车？"

那个小伙子很神气地说："没关系的，那是我老爸老妈！今天是我第一天开公交，他们来看我的！"就在这时，爸爸发来一条短信：女儿，你妈说，是她不好，她一直没有睡好，很早就醒了，担心你会迟到。

171

【辅导员说】

好多同学完全习惯了父母的好，却似乎都忘了体会和回报父母的最无私的爱。感恩父母吧，这一辈子，欠他们的太多了；能让你欠的，而且不求回报的也只有父母，多多体谅他们，尽力回报他们，才是一个孩子该做的。现在，你是不是应该拿起电话，问候一下远方的父母呢？

【名言经典】

父亲给儿子东西的时候，儿子笑了；儿子给父亲东西的时候，父亲哭了。

——犹太谚语

父　爱

　　"老师，听说你在写书，关于爱的，我给你讲个故事，希望你能把它写进去"，一个纯真的女孩来到我的办公室，深情地给我讲了下面的故事：

　　候车室一角的长椅上，坐着两个人：一个女孩、一个男人。

　　"爸，回去吧，现在农忙分分秒秒都珍贵，昨天因为排队买票，您都耽误一天了。"女孩成熟的语气与她娇滴滴的学生打扮极不相称。

　　"不碍事，爸爸就想学学电视里那情景，列车启动时我朝你拼命挥手；以后你老妈想你了，我就描述给她听，她就不会那么惦念了。"

　　男人的回答让我心头闪过一丝酸楚，他可能不会想到，那样的回味里多了些情节，也更会加重思念的煎熬。

　　女孩从身旁的包里拿出面包，递给父亲。男人说："爸爸不饿。"

　　女孩撅起小嘴，说："在我上车之前，您不吃完，我就不走了。"

　　男人忙说："爸爸不喜欢吃面包，我去外面买馒头。"

　　"我去买。"女孩说完，起身小跑而去。

　　女孩并没有买馒头，而是带回一只香气四溢的鸡腿。男人怔怔地看着女儿，喃喃自语道："我还是吃面包吧。"

女孩微微笑着，说："爸，我吃油腻的东西容易晕车，我想你一定不希望我那样吧。"

男人略略迟疑一下说："那爸爸去给你买晕车药。"女孩无奈地说："爸，我们一人吃一半，可以了吧。"

"好。"男人软软的口气，表明他似乎再也找不到更好的理由来让女儿吃鸡腿而他吃面包。

"爸，暑假我就不回来了，我去做兼职，我的好多同学都出去做家教，做得好的话，足够在学校里的一切开销呢。"女孩脸上的笑容明朗澄澈。

男人说："够不够用不要紧，千万别累着，对脾气不好的主人，千万不要去他家做。"

女孩轻轻"嗯"一声，将手中的矿泉水递给父亲。

男人接过矿泉水，没有喝，说："不管在学校，还是在外面，不要跟别人说自己的家在农村，父母是农民……"

"爸爸给你买的笔记本电脑，如果不小心遇着坏人被抢了，你千万别反抗，更不要去追，爸爸再攒钱给你买个新的。"女孩突然哭了。男人有些慌乱，粗糙的手抚摸着女儿的头。他并不想让女儿伤感。

看着讲述者眼中滚动的泪水，我清楚地知道：那故事的主角就是她本人。

【辅导员说】

多么朴实的爸爸和懂事的女儿！听了这个故事，我的眼睛也不觉湿润了，天下的父母哪有不为自己的孩子好呢？记得爱你的父母，因为世界上无论什么名誉，什么地位，什么幸福，什么尊荣，都比不上父母给予你的爱。

【名言经典】

父母之爱子，则为之计深远。

——《战国策·赵策》

亲情是雨，带走烦躁，留下轻凉；亲情是风，吹走忧愁，留下愉快；亲情是太阳，带走黑暗，留下光明。亲情是最伟大的，不管你快乐，沮丧，痛苦还是彷徨，它永远轻轻地走在你的路上，悄悄地伴着你。

——微博语录

【多知道一点】

大学期间应该为父母做的几件事：

1. 找机会和父母合照；

2. 认真回复父母的短信；

3. 为父母送去生日的问候；

4. 亲自给父母做顿饭；

5. 每周给父母打电话；

6. 节假日尽量与父母共度；

7. 带父母参观你的学校；

8. 抽时间和父母一起锻炼身体。

远方的回信

亲爱的妹妹：

你寄来的信我已收到，信中说你有些不开心，你发现大学生活并不是事事顺着你的心。你和寝室里的同学处得不好。你抱怨说，你对Ａ很好，什么话都告诉她，但是发现Ａ把这些话都说给了别人听。你对Ｂ不错，但是Ｂ怎么都不爱搭理你，你甚至觉得她在处处为难你。

你一早有课，可是你睡过了，没有人叫你，她们自顾自地上课去了，你醒来时她们已经回到了寝室，兴高采烈地议论着老师的新发型，没有人对你说抱歉。

你有些失落。虽然参加很多活动，可是大家都那么优秀，你未得到名次、掌声和肯定。

甚至和门口复印店的老板吵架，因为他不理解你想双面复印，害得你重新再来。

回到寝室，没有人注意到你哭过。你忘记了打水，熄灯后只能用冷水洗脚，水冰凉，于是你在被窝里冷得辗转反侧。

怎么办，和这样的室友还要相处到毕业。

你说你想搬出来一个人住。这确实是一种解决方式，但并不是最好的解决方式，除非你一辈子都想搬来搬去。

你觉得同学之间虚伪冷漠，你想念你的高中同学。你想给自己找人际关系失败的借口，于是归结在别人的虚伪上面。其实虚伪是许多人人性的一面。我不是要你也学会虚伪，而是希望你可以辨别虚伪，并且不被虚伪所伤害。并不是每一个人都值得你付出友情，可是如果一开始你就不真诚，那么你就不会有更多的好朋友。

你只看到她们虚伪，有没有看到她们的长处？学校是藏龙卧虎的地方，没有两把刷子是进不去的。她们骄傲，那么一定有骄傲的道理。

另外，你是否值得她们尊重？当你不满被人冷漠时，你是否对别人有足够的热情？

我相信日久见人心，也相信道不同不相为谋。你要做的，就是打开自己的小世界。你的世界不是只有一个小小的寝室或班级。你可以加入社团，可以加入排球队，那里会有你志同道合的朋友，如果你真诚，且懂得沟通。

"怎么可以不理解我！怎么可以不按照我的意思去做！怎么可以让我失望！"世界并不是为你创造的，你得适应它。

你从前的人生太顺利太温暖。你以前做的只是读书，并没有学会如何处理事情。可现在，You have to learn to grow and be strong（你必须学会成长和变得坚强）。

成长——明白很多事情无法顺着自己的意思，但是要努力用恰当的方式让事情变成最后自己要的样子。

坚强——如果最后事情实在无法实现，那么也能够接受下来，不会失控，并冷静理智地去想下一步。

承认很多人比自己优秀，这本身就很优秀。那些比你优秀的人，其实都是上天送给你的礼物，你会从他们的身上汲取营养，使自己变得更优秀。

理解别人，学习别人，帮助别人，你会加倍得到别人的理解、尊重和帮助。

爱你的哥哥

【名言经典】

青年时期是豁达的时期，应该利用这个时期养成自己豁达的性格。

——罗素

没有爱的生活就像一片荒漠。赠人玫瑰，手有余香；爱别人其实就是爱自己，让爱如同午后的阳光温暖每个人的心房。

——微博语录

【多知道一点】

什么是朋友？

1. 遭苦不舍。
2. 难与能与。
3. 秘事相语。
4. 贱不轻。
5. 揭彼过。

301 女生寝室的故事

春寒料峭，有人会在身旁陪你体会萌芽初绽的欣喜；夏日炎炎，有人会跟你一起顶着日头走来走去；秋风瑟瑟，有人会和你一起用相机记录又一年的黄叶飘落；冬雪飘飘，有人与你互相搀扶走过一段段冰封的道路。

四季轮回，你的生活中不再有冰冷、不再有炎热，留下的，是丝丝缕缕弥漫的温暖，渗入骨髓，融进你的灵魂里。在大学四年的寝室里，上演着一幕幕温馨的故事。

雅舒是个存在感很弱的女生，从小没跟自己同龄的孩子玩过，而总是窝在家里跟自己玩。和其他孩子不一样，她很少说话，连自言自语也没有，因此，她总是习惯倾听，安静得就好像不存在。

她从不曾想过，自己的话会起多大作用，因为她早已习惯做一个局外人。当别人有什么需要时，她理所应当地尽力满足，而自己从不曾想过别人也能在意自己。

上了大学，同寝室的都是开朗活泼的人。希柠，非常率直，常常把自己的全部心理活动都说出来，在雅舒眼里，她总是大惊小怪；雨凌，对任何事情都感兴趣，和任何人都能找到话题，包括雅舒，所以她是雅舒第一个感到亲切的人；佳佳，很单纯，自来熟，让人没有负担地与她相处。

开始的几个月，雅舒和在家里一样，安静地生活着。初冬，大雪漫天飘下，地面铺着一层又厚又滑的雪。四姐妹结伴出门，雅舒很稳重，在冰上走得很平稳。而其他三个人则开心地嬉闹，雨凌很怕滑，想抓着希柠保持平衡，可希柠一直在冰上打滑玩耍，始终也没办法保持着两个人的平衡，就这样，一路嬉笑着，雅舒一如往常静静地看着。这时，雨凌一个趔趄，雅舒下意识去扶她，雨凌顺势紧紧抓住了她的手。

每个人天生就具有给别人温暖的能力，只是，你不曾发现。

雨凌好奇心很强，她喜欢探求身边每一个人的性格和内心世界，并做一个总体概括。她总是对照顾她的人产生好感，不自觉地想要亲近。

刚住进寝室时，一切都充满新鲜感。第一个见到的室友是希柠，健康的肤色，很爽朗，性格中有男孩子的霸气，对任何事反应都很强烈，雨凌总喜欢逗她，气氛常常因此很欢快，雨凌也享受着这些小打小闹；佳佳，是雨凌起的昵称，她留着短头发，很像男孩的那种，加之她性格中的小孩子气，总让雨凌想起小男孩；叫雅舒的女孩，显得很高傲，从不主动说话，跟别人也很少有交集，可是雨凌能感觉到她的内心其实很善良，在任何需要的时候，总是雅舒能供给她热水。

室友都不算勤快，每到周末，几乎都宅在寝室不肯出门。雨凌是对生活规律要求很高的人，三餐固定。一天中午，她照例要去吃午饭，通常也会负责带回其他几人的午餐，当问到希柠时，希柠考虑了很久，最后说："我陪你一起去吧，……"平常闹归闹，在这时，雨凌突然觉得很安心，因为有一个人告诉她——你并不孤单，阵阵暖意就在眼神触碰的那一刻，弥漫……

温暖，并不需要轰轰烈烈。

跟雅舒不同，希柠是从小在户外跟伙伴们玩大的，她喜欢跟其他人分享自己得知的所有信息，认为只有交流才能活得自在，在她看来，任何事只有说出来才能得到解决。所谓在家靠父母，出门靠朋友。希柠一直尽力跟每位室友搞好关系，看到有人落单就主动陪同，在她看来，伙伴是最最不能缺少的。

刚认识雅舒、雨凌和佳佳时，彼此客客气气地说话，这让希柠感到很不自在，也很陌生。但不知道从哪天开始，室友跟自己开玩笑越来越频繁。希柠表面气鼓鼓地跟她们理论，但拘谨的心却一点一点放松，她终于找到了归属感。

一次，哥哥送给希柠一箱苹果，可校门口离寝室楼还有很远，大冷的天，希柠本不想麻烦室友，可自己实在没办法搬回去，只得打通了电话。佳佳二话没说就去了大门口，还自己哼哧哼哧搬了很远的一段路。希柠说了句感谢的话，佳佳说："这算什么呀！"希柠笑，其实一个电话就二话不说来帮忙，才最感动……

温暖，是像家人一样，没有避讳，有话直说。

佳佳从不顾及自己跟别人是不是真的很熟，只要见过面，姑且算认识的，她就能把他们视为好朋友。她从来不认为自己跟童真、单纯之类的词汇有什么关系。雨凌叫她佳佳时，她并不抗拒，因为她对这一类的事情始终抱着无所谓的态度，只是总说，你们这些丫头怎么会理解我的深奥内涵。

佳佳的情商也许真的很高，但她不得不承认自己在电子产品上实在是个白痴，很普通的软件运行问题她都弄不明白，对着刚买的电脑完全手足无措。"这个怎么弄……"往往她一说这句话，其他三人就围过来出谋划策，虽然她常常被希柠骂成"猪头"，虽然她总没心没肺地说："我本来就是电子白痴嘛！"但她也会很深情地说："没有你们，我真的不知道该怎么办才好……"尽管常常被希柠当成玩笑话反驳："你就是白痴嘛！"但佳佳心中从不曾怀疑，那就是——有她们真好！

感动不必轰轰烈烈，温暖就在身边。她们是朋友，也是亲人，彼此照顾，彼此温暖，在彼此的心里种下一颗爱的种子。

【辅导员说】

这个故事里的四个女孩性格彼此不同，但作为大一新生的她们之间互帮互助的友谊的确是一样真诚。真正的温暖，就如太阳，时时刻刻的围绕让你忽略了它的存在，却不可或缺。每一位同学都应该珍惜寝室的情谊，因为能和你近距离生活四年的人，不多。

【名言经典】

青春之所以幸福，就因为它有前途。

——李敖

所谓朋友，就是在你浑身的缺点里能看到所剩的优点。然后，一捧土一捧土地拨开，把你从绝望、无助、肮脏的坑里拉出来，并告诉你：你很好，你值得被人爱；但也会拍拍你的肩膀，你要注意脚下的坑，若绕过去就不会摔得鼻青脸肿。

——微博语录

【多知道一点】

如何与室友相处：

1. 学会大度和宽容。大家同室而居，极有可能存在不同的生活习惯等差异，如果经常为小事不满、烦心的话，彼此真的是很难相处了。

2. 正确看待别人的长处和不足。人无完人，金无足赤。有缺点应该相互提醒，共同进步，不要抓住别人的缺点不放，要多看到别人的优点，并不断修正自己。

写给你

我无法忘记那个季节，有一个人，肆无忌惮地张扬他的青春，让我沉沦其中，无法自拔。

在这个陌生而又静谧的地方，第一次见面，本以为是无交集的平行线。

却因为那个声音，连说话都带着笑意的声音，如温润的瓷玉一般，让我的生活掀起了波澜。

还记得那句歌词：

命运自认幽默，想法太多由不得我；壮志凌云几分愁，知己难逢几人留。

瞬间碰撞到了我心底的脆弱，发出泉水叮铃的声音。

抬头的刹那，发现，只要自己改变航向，平行线亦会有交集。

细长眸子，眼明秋水润，眉画远山青，在眼波流转间荡漾出稚气未脱的无邪，在不经意间流露出烂漫的风情。

低吟浅唱的他幽幽散放蚀骨的温柔。

陶醉在音乐中的他自有一种出尘宁静的美，美得旁若无人，醉得悠然自得。

那是你最享受的状态，也是我为之沉沦的刹那。

那是流光溢彩的岁月。飞扬的神采，恣意的笑容，为那一年的九月渲染出一道焰火，格外迷醉。

你优雅地端坐在那里，温柔地笑，安静地倾听，内敛而节制，低调却不容忽视。

你侃侃而谈，风度翩然，一举手一投足，散发从容不迫的大气和淡定。

眉宇间流露出别样的悸动，精致的面孔笼罩虔诚的气息，散发出醇酒般醉人的光芒。

细长的眉眼顾盼流连的气息，邪气流荡，眉飞色舞。

轻轻一挑，旖旎暧昧的眼神如深渊一般。

你是暗夜中那株妖艳的罂粟，悄无声息释放致命的毒和杀人的芬芳。

甘心纵身一跃，从此堕入万劫不复。

你不明白，对于你，我总是那么小心翼翼。

我多希望，你会喜欢我，哪怕只有一点点。

我还以为，真的可以日久生情。

可是那然后呢？时间愚弄了我。

我说，你就是一只猪，我以后争取不喜欢你这只猪了，对你好吧？

你说，好。

一个字，一个标点，足以把我打入地狱。

你说，有些事，大家都知道，只是不想捅破那层纸。

你说，你不想失去我这个朋友。

你说，你混蛋，我对你越好，你就越愧疚。

你说，不要对你太好，不要惯坏你。

你说，以后我会发现，你是一个适合当朋友的人，却做不成一个好恋人。

你说，你一直都知道，本来可以狠下心来，远离我，可是你又真的不忍心让我那么心痛。

你说，你是真心把我当好朋友。

你说，记住，我们的关系不会改变，除非我刻意疏远你。

你说……

你说了那么多，让我情何以堪？
你说了那么多，让我如何去恨你？
可是，又如何忘了你？
我知道，你是一个细腻的人，只是不表现出来。
我知道，你不会喜欢我。

因为你是我心中那株罂粟，悄无声息释放致命的毒。
因为我第一眼看见的，是你。
因为我多看了一眼的，也是你。
因为一直在我眼里的，还是你。

我有一个奢望。
奢望有一天，你能明白。
我那么喜欢你，你喜欢我一下会死吗？

一眼万年。
我没有一万年。
我只有从喜欢上你的二十岁，到未来不知道什么时候老去的岁月。
我不承诺自己会喜欢你很久。
我只能保证，在我最好的年华，遇上了你，然后沉沦，无怨无悔。
我只能保证，在我心里，有一个位置，永远留给你，留给那首歌。
再回首，却闻笑传醉梦中。

时光如流沙，
也许，有一天我会有我新的生活。

【辅导员说】

感情中所有的一切都应该使人有所收获。坦然地面对得到与失去，珍惜身边的人，珍惜自己所拥有的一切，珍惜会使一个人更加幸福。也许写此文的同学正在所谓的痛苦中纠结，也许她已经走出了这段阴影。不管怎样，我们都要祝福她，希望她能珍视成长中的一切，在接下来的大学生活里，好好学习，积极参加活动，增长自己的知识与阅历，让自己的大学更加丰富多彩，找到更加快乐的自己。

【名言经典】

你若安好，便是晴天。

——白落梅

爱，就疯狂，两个人撑起所有梦想。不爱，就坚强，一个人扛起所有的伤。有本事任性的人，也会有本事坚强。

——微博语录

声　线

　　像飘摇过一个世纪，他的声线有古典的魔力，不可抗拒。

　　——你好，我叫顾白。

　　这是她第一次听他的声音，却仿若相识已久，不是钟情，而是迷恋。

　　大学生也可以很童真！思想梦幻如莫小米者，就一直秉持着这样的观点生活在自己内心的童话世界里。王子最后会娶公主过上幸福美满的生活，恶毒的后妈必将受到惩罚……不仅内心世界，她是活生生地把现实生活当成童话来演绎，心无旁骛地将身边的人对号入座，而且，不容置疑。

　　"她一定是嫉妒本殿下的美貌，恶婆婆终究会受报应的。"这是在她得知自己竞聘校园广播主持人落选后说的第一句话，而她口中的恶婆婆是校园广播电台的主播、校花级美女沈萧萧。室友对莫小米这种童话设定早已习以为常，当然也包括她是设定中永远美丽善良的公主殿下。

　　从旁观者的角度，莫小米的的确确是个很好的女孩。长相虽不及沈萧萧那样风姿绰约，但皮肤白皙、小圆脸更显俏皮，性格可爱，心无城府，平时也很善解人意，对室友也极尽照顾。尽管在她自己看来这是对臣民的爱抚，是公主应尽的职责，但终归她也是个很好相处的人，室友对她的童话设定也就并不反感，有时还会配合她说几句恭维的话，只当小孩子一样哄着。就如同这次校园广播主持人的竞选大赛，室友们也并没有直接告诉她，她落选不是因为什么沈萧萧嫉妒她的美貌，而是她临场发挥的那一大段旁白不适合当主持人，而应该去当个童话作家。

竞选当天，室友理所应当（在莫小米看来）陪她一起去会场。偌大的会场早已挤满了人，大家都紧张地拿着演讲稿在练习。对此，莫小米的评价是：他们都没有真材实料啦，临阵磨枪有什么用。当然，不得不承认，莫小米是很有真材实料的，进入考场时，沉着稳重声音优雅，有十足的职业主持人架势，除了那没边没际的童话情节。莫小米拿到的考题是天气预报，在她正常地报告了未来一天的天气情况后，展开了长长的补充说明，比如天气晴朗王子该带公主出去踏青啦，白雪公主可以出门呼吸一下新鲜空气啦，等等。为了防止她说出这样的天气适合奥特曼出来打小怪兽而在学校一夜成名，沈萧萧好心打断了她，结果被她说成恶婆婆。

不过，这一次，莫小米没有用沈萧萧无理、大胆这样的理由反抗而是无视，那是因为她看见了——王子。同样身为评审的顾白坐在沈萧萧身边，干净的白色衬衫、无框眼镜，莫小米心中标准的王子形象。

——你好，我是莫小米。你的名字方便告诉我吗？

——你好，我叫顾白。

一句话足以沉沦。

那之后莫小米乖乖地被工作人员"请"出了考场，她并没有觉得丢脸，神奇的是她竟然还满怀希望地去看录取名单，得知落选后给自己的理由还是沈萧萧嫉妒她……

没有选上，莫小米也还是安安静静地接受了。其实大部分的原因是她认为那是她与顾白命运的邂逅，是否选上已经不重要了。她等待着与顾白顺理成章的发展，顾白能绅士地邀请她参加书友会一类的文艺活动。

然而，世界并不是童话，顾白也并不是王子。当莫小米在食堂偶然看见顾白跟朋友说笑走过，口里谈论校园里的各种美女，她当场失望了。她冲到他面前，撂下一句"你太让我失望了"扬长而去，留下顾白跟朋友面面相觑。

【辅导员说】

大学里的爱情是纯真的。当自己内心的美好希望换来失望时，要及时调整，重新迎接美好的生活。在你们纯真的爱中，要注入责任的力量。对自己负责，对爱负责。

【名言经典】

爱是纯洁的，爱的内容里，不能有一点渣滓；爱是至善至诚的，爱的范围里，不能有丝毫私欲。

——莎公爵夫人

她 们

　　在新生宿舍楼的303寝室里住着四个异常活跃的女孩。她们分别叫笨笨、多多、聪聪和戎戎。笨笨来自黑龙江佳木斯，多多来自大连旅顺，聪聪来自丹东，戎戎来自鞍山的岫岩。笨笨是寝室的老大，照顾着寝室的每个人，并且负责让寝室的其他成员"欺负"；多多是寝室里最小的女孩，身高却是寝室里最高的，她的物品是四个人中最多的，所以她叫多多；聪聪和戎戎是寝室中感情最丰富的，当然，她俩都有了生活中的另一半，如今她们都是异地恋，而这样的组合让她们的寝室充满故事。

　　寝室里的这四个女孩，聪聪和多多入大学前没住过校，而笨笨和戎戎住过，对于后两者，住校已成习惯，而聪聪和多多却不适应，刚开学的几天聪聪和多多天天打电话回家，跟老妈说想家；多多经常对老妈说："我不能吃辣的，最多只能忍受辣白菜的辣"，并让老妈给做辣白菜。虽然已习惯了住校，但戎戎还是会想家的，她跟爸爸总在QQ上聊天，当她说周末要回家的时候爸爸对她说："天冷、路滑，就别回来了。"听到爸爸的话，戎戎心里也有点儿凉。

　　每个人都有自己的爱情观。笨笨的爱情观是柏拉图式精神上的恋爱；聪聪的爱情观是全心全意地对待在她身边陪伴她的那个；戎戎的爱情观是任何不以结婚为目的的谈恋爱都是耍流氓；而最小的多多的恋爱观是只要她爱的人心里有她就好。四个人不一样的爱情观也反映出大学中的感情生活。开学之初聪聪和戎戎都有男友，而笨笨和多多则还是单身，而同样异地恋的聪聪和戎戎在大学生活中有着不同的爱情轨迹。

　　戎戎的男友是在高中认识的，现在在山东上学，两个人每天唯一的联系方式就是手机，而距离并没有让感情疏远，"十一"放假的时候两个人一起吃饭，一起逛街，像其他情侣一样享受着属于他们的幸福。虽然"十一"假期很短，但是爱情依然继续，幸福依然延续……

　　聪聪跟男友是在高考的假期认识的，男生在长春上学，虽然其貌不扬，但也是个文艺小青年，聪聪很欣赏他的才华，慢慢地两个人就在一起了。他们的联系方式也是电话，两个人每天有说不完的话，幸福甜蜜也不断滋长。聪聪是个贤妻良母型的人，冬天将至，她只要到周末就会跟笨笨或多多去逛街，给男友买洁面乳、护肤品、手套、围巾等日常用品，这样的贤惠让每个人都羡慕她的男友，同样感觉聪聪真是太好了。作为其他寝室成员的我都慨叹："如果我是男的，我肯定会娶聪聪。"而她的好不仅是买东西，"十一"长假男友没有回家，聪聪回家后又坐火车去长春陪他过"十一"，有时周末没有事情的时候她也会去看他。有时我会好奇地问她为啥这样，她会笑着对我说："我想我可以跟他一直走下去。"那时我会感动，会羡慕她的男友，可以有这么好的女孩在远方如此牵挂他。甚至连光棍节聪聪也是跟他在一起过的，那样幸福的场面我们可以想象，而当光棍节过去一周后，又是一个周五的晚上，聪聪跟男友就在电话中分手……而原因竟然是因为他的男友受不了异地恋的感觉！聪聪在大学的恋爱就这样结束了。

　　同样的异地恋却出现了不同的结局。

　　大家总是说高中的同学最亲，到了大学就再也找不到那种纯洁的友谊了，而这四个小女孩之间依然有着纯洁的友情。聪聪的失恋让整个寝室的气氛都沉闷了，多多、笨笨和戎戎都在不断地安慰她，但爱情的伤害是不容易好得那么快的。聪聪的嘴里总是叨咕："我哪里不够好，他为什么不要我了。"而此时，多多会说："不是你不够好，是他的错，他不懂得珍惜你。"在聪聪分手的那天晚上，整个寝室的人

191

都没有睡觉，四个小女孩抱在一起痛哭，为的就是让聪聪可以不那么难过。而在接下来的日子里，其余三个小女孩更是在生活上照顾聪聪，大半夜她们在寝室里看《失恋 33 天》，当聪聪看到主人公黄小仙诉说着自己的爱情的时候，眼泪就不知不觉从眼角流下，多多就在黑灯瞎火的寝室里帮她找纸，直到电影结束，几个人才上床睡觉，而聪聪的心里是幸福的，因为即使失去爱情，但友情依然继续……

　　大学生活，有苦有甜，有悲有喜，每个寝室都有自己的故事，而这四个女孩的友情是属于她们的故事。

【辅导员说】

　　寝室里的点点滴滴透出温暖，大学里的亲情、友情、爱情，都值得我们去细细品味。女孩们的友谊，永远是如诗歌一般值得歌颂与珍惜。而寝室室友的情谊，是一辈子都不会改变的爱。

【名言经典】

　　不论是多情诗句，漂亮的文章，还是闲暇的欢乐，什么都不能代替无比亲密的友谊。

——普希金

【多知道一点】

　　318 寝室公约：

　　1. 顾家篇——

　　（1）不管心情如何，进出门时主动与室友打招呼。

　　（2）出门时简略告知室友去向和回来的时间，确保联系，以免室友担心。如不能按时回来，打电话向室友报平安，并告知预计返校时间。

　　（3）如果室友较晚未归，设法联系，必要时报告辅导员。

　　（4）室友不在时，热情友好地帮忙接电话，并将电话信息转告室友（或者留便条），但不得毫不设防地把室友的手机等个人信息透露给陌生人。

（5）注意安全，寝室无人时记得锁门，不要随便接待贸然闯入的陌生人，不要使用违章电器。

2．尊重篇——

（1）尊重室友的信仰、饮食习惯、地方习俗，不得取笑他人口音，不得因外貌、经济条件、考分高低等对他人有所区别看待。

（2）开玩笑要适度，注意不要伤害他人感情。

（3）未经允许，不得翻看他人物品，不要过分打听别人的私事。

（4）尊重室友隐私，尤其不得随意向其他人透露室友的私人情况。

（5）做任何可能影响到室友的事情前，例如开窗、关灯等，先礼貌地征得室友的同意。

（6）尊重大家的作息时间，最好能和大家保持一致。

（7）保持安静，进出门轻推轻关，对室内物品（椅子等）轻拿轻放。休息时间切忌大声喧哗、放音箱、洗衣服等。任何时间不得在寝室、楼道里拍球。

（8）保持良好的个人卫生习惯，同时也要保持良好的公共卫生环境。

3．友爱篇——

（1）室友生病时，主动细致耐心地照顾其饮食起居。

（2）珍惜从室友那借来的物品，用完及时送还，并表示谢意。

（3）共同打扫寝室卫生，共同布置寝室。

（4）学习、生活中要互相帮助，团结友爱，营造良好的学习气氛。

（5）分享原则，不管是吃的、用的、看的、读的、想的，实物、信息、想法、感情、体悟等，与室友一同分享和交流。

（6）室友的亲友来探访，像接待自己的亲友一样热心接待。

（7）与室友一起过节、过生日，如果有外出聚会，尽量不要落下室友。

（8）与室友一同成长，不要让"竞争"影响友爱和心智。这世上为你提供帮助和支持的人，除了你的父母，可能就是你的大学室友。

9. 找到你的 style

　　如果说社会是大海，你们则仿佛一群鱼，那么大学就是你们放归大海前的最后训练场。乘着六月的和风暖阳，你们中的一部分将涌向社会的龙门。有的人觉得自己需要深造，将来以更好的姿态鱼跃成龙，于是选择了继续历练；有的人艳羡龙门那头的景色，虽巨浪在前但依旧勇敢前行。请相信，这一切的美好与悲怆，都是选择的结果。你，选择了什么？你，找到自己的 style 了吗？

梦圆北大

  兹证明欧阳清华（100504128），女，系蒲河大学经济学院 2010 级保险专业学生。该生思想上，热爱祖国，关心国家大事，作为一名预备党员，严格按党员标准要求自己；学习上，积极进取，成绩一直稳居专业第一，在校期间多次获得一等奖学金，多次被评为优秀学生和优秀学生干部；其他方面，作为学院学生会文艺部部长及班级团支书，积极参加学校活动尤其多次参加学校文艺演出并获奖，带领班级成为学校优秀班级。综上，该生是一名优秀的大学生。

  这是辅导员给欧阳清华出具的鉴定材料，因为她要参加北京大学的推免研究生面试了。

  还记得刚上大学的时候，欧阳清华是以高分考入蒲河大学的，而从小学习舞蹈的经历使她在新生文艺汇演中赚足了风头，尽管入学没多久，欧阳清华已经在经济学院小有名气了。同学们都很羡慕她，而她自己对现状却并不满意。高中的时候，欧阳清华的成绩非常好，但

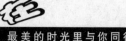
高考没有发挥出应有的水平，才"落到"蒲大的（尽管蒲河大学是国家重点大学，尤其是经济学院的高考录取分数线要高出一本线许多，但每年仍要迎接许多"发挥失常"的学生到来……）。

欧阳清华一直有一个"名校梦"，这个梦也源自家里，父母希望她能考入清华大学，要不怎么能给她起名"清华"呢——清华，清秀华美，当然另一层含义就是清华大学。欧阳清华的父母年轻时候也是同龄人中的佼佼者，两位热血青年因为共同的梦想结缘，但最后因为种种原因两人的清华梦都未能实现，所以父母将他们的梦想放在了宝贝女儿身上，希望有一天女儿能顺利考入名校进京。不过欧阳清华有自己的想法——清华无美女，我要去北大！每当说到自己梦想的时候，她的眼睛就仿佛闪出光亮："想去北京，那里有全国最知名的学府。"欧阳清华的父母知道女儿的想法，一直全力支持她，并且期待着有一天女儿能捧着北大录取通知书和他们一起徜徉在魂牵梦绕的未名湖畔。

为了父母的期待，为了自己的梦想，从上大学的第一天开始，欧阳清华就全力以赴，开启了学霸模式。她每天按照固定的时间作息，周末也坚持学习，放寒暑假的时候会参加一些培训班，并且给自己规划好了每个阶段的目标。欧阳清华并不是死读书类型的学生，经常与老师、同学交流，还学习专业相关的课外拓展知识及积极参加学术论文比赛和"挑战杯"创业大赛……当然，作为学生会的骨干以及班级干部，她也是尽职尽责，很好地分配了学习和工作时间……欧阳清华的辛苦没有白费，最终她以优异的成绩和突出的表现拟被保送心仪的北京大学。这不，保研面试就要开始了，她来请辅导员老师出具思想鉴定了。

写完鉴定，辅导员看着欧阳清华，问道："清华，现在感觉不错吧！"

"嗯，老师，现在我离梦想只差一步了，真的很激动！"

"你的大学真的算是完美了，说点儿'获奖感言'给学弟学妹呗。"

"老师，净开玩笑。"清华难掩笑意："怎么说呢，其实看到别的女孩牵着男友的手徜徉在校园小路的那份甜蜜样子，看到朋友们集体逛街带回漂亮的服饰、可爱的包包，看到室友周末赖在寝室呼呼大睡……我心里也充满了羡慕和嫉妒啊。我也是父母的宝贝女儿，说实话，大学毕业后爸妈能帮我在家乡找份稳定工作，好几次也觉得放松一下没关系，女孩子嘛，难免有脆弱的时候。可是每当我挺不住想放弃的时候，就会想如果不去拼一拼，爸爸妈妈会遗憾，我自己更会遗憾。所以我告诉自己，必须完成当天的计划，之后才能去做别的。就是这样坚持着，慢慢成了习惯……我觉得，年青人要有目标，并且为目标坚持不懈，那么你一定会有收获。"

"说得太好了，祝你北大之行一切顺利啊！"

"谢谢老师！"

【辅导员说】

欧阳清华背负了两代人的梦想，从入学开始，她的目标就是读研——去北大读研，扎扎实实为之奋斗并最终获得了成功。站在人生的十字路口，有时你会觉得做出选择很难。你一定要知道自己想要什么样的生活，这种生活通过什么途径能得到，这会清晰你对未来的规划。之后一定要做到心无旁骛，既然选择了，就要坚持到底，并且有勇气承担自己做出选择后可能带来的结果；这样的话，也许你的人生选择会简单许多。

【名言经典】

决定你是什么的，不是你拥有的能力，而是你的选择。

——杨澜

我不是天桥上算命的，唠不出你爱听的磕，一大堆没法回答的问题：你说我能干点儿啥？你说我该看啥书？我也不是"上帝"，眼睛为你下着雨，心却为你撑着伞。帮你打理那些挥不去的记忆，留不住的年华，拎不起的失落，放不下的情感，输不起的尊严。所以，问题只有一个答案：自己，是一切的根源。

——《职来职往》达人：杨石头

鱼和熊掌

大三上学期,"全民皆兵",自习室里面黑压压的一片,到处是埋头苦读的身影,图书馆里也都是谈论考研这个热门话题的小组。考研材料在这个时候显得十分紧俏,最新的考研资讯得预定才能拿到。大三的暑假则是考研一族租房的高峰期,在校园论坛"校园市场"板块看到,短短一个月的时间,就有上百条大三学生求租住房的帖子。学校的橱窗上、公告栏里、楼道墙面甚至是厕所里,各种门类的考研辅导班广告五花八门,"保过班"、"冲刺班"、"名师班"比比皆是。

"考研"这一话题风生水起,十分火热,但是这里有相当一部分人只是趟了趟水。

武艺鑫家庭条件优越,1米83的身高,尽管长得有点儿黑,但却散发着运动男生的气质,大概这就是传说中的"高富帅"吧。当然,他自己也有点儿小小的自负,觉得自己若是努力,找个好出路肯定没什么问题。武艺鑫"严谨周密"地分析了当今就业形势和自身优缺点之后觉得本科的学历有点儿低,想要通过读研究生来提高未来找工作的竞争力,于是开始加入考研大军。

奋战考研的日子是极为辛苦而且枯燥的,寝室——食堂——图书馆,再单调不过的三点一线,早出晚归,甚至他都不知道身边的同学都在干什么。直到有一天,寝室老大庞秋帅拿到了第一份实习工资张罗着请寝室的哥儿几个吃饭，他才知道在他每天早出晚归的时候，身边的许多同学都在忙着投递简历。饭桌上，大家讨论着笔试、面试，成功的经验，失败的教训以及发生的各种趣事，听得武艺鑫心里直痒痒。

那天晚上武艺鑫睡不着了。他想到自己还完全靠父母养活，而找工作的同学已经要开始自己的新生活了，有些羡慕那些找工作的同学。他想到考研是场持久战，自己虽不是众人口中的"学渣"，但也不是能冬战三九、夏战三伏的学霸。他想到马上就暑假了自己还没最后确定报考的学校，还有那么多知识点没有看，讨厌的数学，恼人的外语……想到这里不禁泄了三分的力气。

新的学期开始了，武艺鑫和他的同学们彻底升为这座学校的"学长"，他们大四了。而为考研奋斗的武艺鑫渐渐地没有了最初的冲劲儿，开始散漫起来，枯燥乏味的生活节奏，也让他心生厌倦。自习间隙，看看周围埋头啃书的战友们，总觉得自己是来打酱油的。

终于，当听说同班某个不怎么起眼的同学被一个世界500强企业录取的消息之后，武艺鑫坐不住了，把笔一摔：不学了！找工作去！看着大家投递简历、参加招聘会忙得热火朝天，武艺鑫觉得终于找到了属于自己的战场，自己也不比别人差，开始投递简历并参加招聘会。可真正开始找工作的他发现，找工作远远没有他想的那么有趣。因为备考，一些大公司、好企业招聘已经结束了，剩下的机会越来越少。笔试被刷，面试被拒，甚至大多投递的简历是石沉大海……幸运的是有两家单位同意武艺鑫去实习了，一番比较之后，他选择了一家带薪实习的单位。

他抱着极大的热情工作了一段时间后，发现本科学历所找的工作起薪低，工作枯燥乏味，太"低端"，简直浪费生命，而同批入职的研究生待遇比自己高很多，其中不乏能力不如自己者。在这样的单位干，真是看不到前途。他的想法使得他工作上并不积极，主管也看出了他的心思，迟迟没有与他签约的意向。此时，考研结束，捷报纷传，当时和自己一起奋战并坚持到底的许多同学都有了收获，武艺鑫有些茫然了……

【辅导员说】

武艺鑫开始做出的选择是值得肯定的，因为他对自己进行了综合的分析最终决定考研。他的问题在于，我们没有看到他的坚持。没有信念，没有规划，摇摆不定，如何能取得成功？你所做的选择决定了你未来的努力方向：考研是一场持久战，不是做做样子就可以考得上的，贵在坚持；而找工作既是实力的较量，也有机遇的成分，更多的是要踏实坚韧。一定要记住：鱼和熊掌不可兼得。

【名言经典】

最好的选择未必是选择最好的。抉择，而不是机遇决定命运。

——培根

让梦想照进现实

"同学们，大家下午好，今天我请到了大四的许默默学姐来给你们做一个关于出国留学的讲座。许默默是我们院环境科学专业的学生，她现在已经收到了好几所美国大学的 offer，其中密歇根州立大学来信表示愿意提供全额奖学金，资助她完成硕士学位。下面有请许默默同学。"（此处有掌声）

这是我们辅导员 Miss K 给我们开的第三个专场交流讲座了。之前的两场是关于保研和考研的。Miss K 总是怕我们不知道将来干吗，才大二，就一场接一场地找大四的学长学姐们给我们做经验介绍。不过还是有好处的，至少我们看到了学校里的各路人才，自己多少也有了

努力的方向。我也想出国呀，可是好多问题都解决不了，不知道今天这个许默默学姐能给我多大的帮助。

"各位同学，大家好，我是许默默。"

真是人如其名啊，弱弱小小的女生，声音细细的，真是"默默"啊。

"关于出国，每个人都有自己的看法，而很多人的想法都是——需要 money。也许今天大家听了我讲后会对这个想法有所改变的。"

这怎么可能，我老爸早就给我打听了，至少得在出国前一年存上 20 万，这样签证才有可能办下来，我开始对这位默默学姐有些质疑了，然而……

她接着讲："我这么说你们也许不信，其实曾经的我也不信。我来自小城市的工薪家庭，出国这件事对曾经的我而言只是一个幻想：高额的留学费用简直就是在我的幻想上再画上一个大大的'No'！不过，天生好奇心强的我却对自己的这个'幻想'开始了全方位的考察。"

"通过考察，我发现在众多接受留学申请的国家中，美国是提供资助最为丰厚的国家。获得全额奖学金的学生不仅学费全免，而且还能得到高额的生活费，足够支付在美生活的全部开销。这时，我才觉得幻想也许能变成梦想，而有梦想就应该有希望。"

"我又进一步了解到美国对学生的科研能力、综合素质和语言能力要求都很高，而我的差距不只是一点两点。幸运的是，在学校的一场讲座上我认识了 Smith Lee 博士，他是美籍华人，我和他交流了我的梦想，得到了他的肯定，当然我也顺利得到了他的邮箱。"

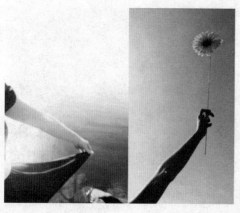

"从大二开始，我开始将梦想照进现实。出国，首先是语言。在英语培训班的老师督促指导下，我认真执行学习计划，同老师一起练习作文和口语，大三时考 GRE 得了 1332 分，托福也超过了 100 分。学术准备对出国是非常重要的，学习成绩最好在平均 85 分以上。为此，我在实验室担任研究助手、协助本专业老师和学长撰写研究论文。社会实践对于出国留学也是必不可少的，我参加献血，在学校的社团做志愿者，周末做敬老院的义工，利用假期在化工厂的车间实习，等等。当然，与国外的交流和信息的搜集也是不可或缺的，我和 Smith Lee 博士保持着邮件联系，其实我没想到他能那么热情并且认真地回复我一个中国本科生的邮件。同时，我也经常关注出国留学相关的各项政策动态。"

"在申请学校的过程中，我们专业老师帮我选择了好几所环境工程专业排名靠前的大学，精心指导我挑选导师，润色申请文书。Smith

Lee博士也积极地帮我联系美国教授。"

"功夫不负有心人。今年春天我陆续收到了多所美国大学的offer。我觉得我是世界上最幸福的人了。学弟学妹们,我希望我的经历能给你们一些帮助;我相信,两年后的你们一定比我更优秀!谢谢大家。"

此处有经久不息的掌声。哇噻,这个许默默学姐真有一套啊,原来我们也可以拿全奖出国呀,真是高手来自民间啊。我得好好努力啦,我也要绽放的人生,这样大学才不算白过啊!

【辅导员说】

机会永远属于有准备的人。对比上一个故事中武艺鑫的犹豫不决,许默默更显得坚定执著。从幻想到梦想,从梦想到现实,这条路也许只有许默默自己知道走得有多艰辛,在经验分享会上的许默默,只是道出了自己成功的经验,其实我们应该能猜到这经验是她千辛万苦甚至经历了无数失败得来的。看了这个故事,你是不是有所启发呢?是不是也要用自己多方位织就的梦想之网获取更大的收获呢?

【名言经典】

世界上最快乐的事,莫过于为理想而奋斗。

——苏格拉底

谁配得到"上帝"的奖励?毫无疑问,只有那些准备好了的人。对于一个追求成功,渴望成功并且有可能成功的人来说,永远没有完全准备好了不再需要准备的时候!你要切记,人的一生都在"准备"之中。

——当代批评家:陈福民

毕业后的第一课

这天，办公室走进来一个男生，身材高挑，面容消瘦苍白，表情略带愠怒，穿着那种明显宽大不适合自己身材的黑色呢子大衣。进来后环顾了下四周，语带急切地问："窦老师在没？"

"他已经调到心理咨询中心，地点在……"

不等回答他的老师说完，他就打断了对话："那我这事谁管？他是我当时的导员，现在我档案出问题了，谁负责啊？"

经了解，事情是这样的：这是一位已经毕业一年多的学生，毕业后一直没找到工作；毕业时没认真听老师讲的注意事项，后来办理一些手续时发现不知道自己档案在哪里，于是回来找老师索要。毕业办老师解答了他的问题，说是需要报到证。不过这都是后话。这位毕业生还在办公室高声喊着，好像已经做好了要和老师大闹一场的准备。

"我上哪找去啊？当时我也没听说这东西还有这么大用处啊，早就不知道在哪了。"

"那你得自己找，丢了可会影响你找工作的。"

"找啥工作啊？"这位男生的语气开始变得急促而不友好，"就我们这学校，我们这专业，啥玩意儿啊！学的时候最累，找工作的时候人家问我经济学都学什么，我想了半天怎么形容，最后只能说基本都是经济专业的理论。人家说我们不需要纯理论型人才……"再以后，他说的满嘴是抱怨与不满。

　　"你的情况我们不是很了解，你还是找窦老师问一下吧，具体需要什么再回院里来。"看他情绪不稳定，办公室的几个老师也不好多说什么，还是先让他冷静下再说吧。

　　两个小时之后，窦老师打来了电话："过一会儿我那个学生回去跟你们道歉啊。我和他谈过了，毕竟我是他的辅导员，还能沟通。这学生本来学习挺好，但是保研没上去，考研又没考上，找工作就更不用说了。和他聊完，我就说，我要是用人单位也不要你。没有经验、没有准备都行，问题是态度。现实生活中一毕业就成为青年才俊的桥段少之又少，大多数的毕业生都得经历一个瓶颈期，能经得住多大失败才能担得起多大成功。失败几次之后，每次面试都像用人单位欠他的似的，估计和刚才找学院的态度差不多。自己抱着破罐破摔的心理，还能找到工作吗？再说说今天这件事，应该静坐思己过，为什么别的同学没出现类似的情况？当初如果认真听取毕业注意事项，而不是把老师和同学的话当耳边风，就不会出现今天这状况了。不过，我尽力和他谈了，希望能有所帮助。"

　　我们几个老师都说：还是专业的心理咨询师厉害啊，什么问题都能搞定。

　　再次出现在办公室的他，情绪缓和多了，对我们诚恳地表达了歉意，承认确实因为找工作碰壁心情很差。

　　这时，马老师开口了："给你讲个例子吧。和你同届的一个国民经济管理专业的学生，在一次银行招聘时，对方对她并不看好，于是问：'你这专业都学什么呀？我们就是招柜员，不需要管理国家的干部。'学生听完回答，我们经济学院各专业基础课程基本上都一样。专业名称可能起的比较宏观，但我们学的大部分课程都与金融、财政、银行相关，此外兼修了一定的管理知识。我校的这个专业2001年就被评为国家级重点学科，是我们学院的优势学科。"

马老师继续说："还有个同样是经济学专业的学生，被问了和你一样的问题，他的回答是，经济学专业是一门研究经济发展规律的科学，由理论指导实践，再由实践上升到理论，对现代经济加以分析，帮助人们创造财富。课程设置广泛，同时，相对其他经济类专业，我们涵盖面更广，高考时要求的分数更高，读研率位居全院第一……同样的菜品，'金玉满堂'就是比'农家一锅出'更容易走上五星级酒店。找工作时，也许你们的基础相差不多，但是每个人的态度不同、表达方式不一样，收到的结果也会大相径庭。多从自己身上找原因，少点儿抱怨，也许你会发现结果不同。"

那位同学连连点头，眼神也坚定了许多。这也许是他毕业后的第一课吧。

【名言经典】

人生重要的不是所站的位置，而是所朝的方向。心态决定状态，心胸决定格局，眼界决定境界。人生最好的境界也许是安静且丰富：安静只因摆脱了外界浮名浮利的诱惑，丰富只因拥有了内在精神世界的宝藏。但愿我怀抱我所珍视的一切，而又沉淀于下。

——《职来职往》达人：唐宁

208

【多知道一点】

应届毕业生如何准备完美的简历：

1. 简洁全面，突出重点。简历要尽量完整地反映出你的学习经历和校园社会实践经历等，但不可以是"流水账"。切记要突出重点，必要的地方可以用例子来说明问题；一份简短、突出求职者个人所取得成就的简历表，远远胜过一份冗长的简历表。

2. 征求意见，完善内容。如果你第一次做简历，那么不妨征求一下有经验的人或到网上看一下写简历表的技巧。因为，很多初出茅庐的新手写简历并不在行，和实际要求存有距离。

3. 针对目标，突出个性。每个公司有自己的企业文化，要在简历中用你的经历向HR证明，你喜欢这家公司和它的企业文化，你会很容易融入这家公司。这点很重要，尤其对于一些以自己企业文化为傲的大公司。比如，如果竞聘 IBM 的某一个职位，你的简历表最好让其感觉到你具有稳重、严谨和协作精神；如果竞聘的是微软，那不妨张扬一下你的个性。

4. 如果你是网上发简历，一定要注意发送要求，有的要求直接贴在 MAIL 的后面，有的要求作为附件发送。应将简历表做成 PDF 格式的，这样一般不会出现乱码和错误，免得费了一番心血，却因为小小的技术问题而前功尽弃。

305 寝 "变身" 记

　　B6 宿舍楼 305 寝室成了学院的奇葩寝室：寝室四人没有一个想考研的，清一水的要工作。不过四姐妹各有各的方向。寝室座谈会又开始了，本次主题是怎样更好地实现由学生到职员的华丽"变身"……

　　"我正在研究做简历，等弄完给你们看看，我觉得简历内容一定要充实且具有自己的特色，这样才会有一定的感染力。"这是寝室"老大"王艳丫，来自一个小城镇，性格踏实稳重。"我就是想留下来，也许我找的工作待遇并不高，但一定要有发展空间。"

　　"老大，你的想法是挺好，不过我觉得女孩子嘛，还是应该找一个体面又不很辛苦的工作，你们看看我新照的证件照，怎么样？正装显得端庄，再看看我的发型，是不是显得很有气质？"身材窈窕、长相出众的蔡美颜拿出刚照的证件照给大家展示起来。"姐妹们一定要好好收拾收拾自己，给面试官好的第一印象我觉得蛮重要的。"

　　"嗯，不错嘛，大美女就是气质不凡，哈哈。"苗胜楠拿起蔡美颜的证件照夸赞一番。这是个干净利落、做事风风火火的狮子座女孩。"我觉得我应该找一个管理岗位的工作，这可以发挥我雷厉风行的优势，符合我的性格。当然找工作一定要和招聘单位投缘，否则就是此处不留人、自有留人处，哈哈哈。"

"我的团支书大人，你那么优秀，还愁没人留你呀！"元雪儿是个内向的女孩，出了名的乖乖女，只有在寝室姐妹面前才敢开一开玩笑。"我觉得吧，我还是适合技术性的工作，最好是国企，老老实实地做好分内工作就行，不过，我一想到面试就紧张，咋办？"

"凉拌。"苗胜楠接茬到。

"你又开玩笑，讨厌。"

"我说的'凉拌'就是让你冷静的意思，真是滴，误解我了不是？"

"胜楠说的也对，你得多锻炼自己，而且准备充分就不容易紧张。"

……

关于紧张的话题，她们又稀里哇啦地讨论了好一阵子。

接下来的日子，大家都各自准备着。

王艳丫精心制作的简历，填着自己大学的辉煌成就：六级553分、证券从业资格证、银行从业资格证、计算机二级证、普通话证书、奖学金证书等。正当她像一位农人满意地望着自己这四年来"耕耘成果"的时候，蔡美颜从她的背后突然出现："老大！想什么呢？想找男朋友啦？"

"别瞎说，我哪像你有那么多人追，我要先立业再成家。"

"哎呀老大，你这简历太毙了，不过这个证件照太显老了，第一印象就差了一大截，我给你打扮打扮重新照一张吧！"

蔡美颜是个爱美的女孩，寝室都称她为"美姐"，她的人生格言是：宁可做五星级酒店的花瓶，也不做早餐店的老板。相信大家都看如果把蔡美颜比作《粉红女郎》中"万人迷"的话，那么苗胜楠就是十足的"男人婆"，短发，干练，她觉得面试是最重要的是气场，而不是外表。为此，蔡美颜和苗胜楠不止一次就"花瓶论"和"气场论"展开激烈的争论，当然不是唇枪舌剑，多数的争论都是以女孩子间俏皮的说笑开始，往往在元雪儿"好啦好啦你俩别争了"的劝解中结束。

虽然寝室卧谈会上大家都说得头头是道，但实践起来，就各不相同了。

　　"老大"认真努力，踏实肯干，查了大量应聘单位的相关资料；伴随着丰硕的成果和蔡美颜精心帮她设计的照片，王艳丫的简历也得到了用人单位的注意。在准备面试时，她听取了姐妹们的建议，注意了自己的着装和在面试礼仪方面的练习：回答问题时思路明确，口齿清晰，面对一些"小刁难"诚恳认真。一阵子面试下来，虽然多次失败，但是她也收到了几家大型企业的橄榄枝，最终她顺利地找到了理想的工作，成功"变身"，并开始为自己的下一个目标努力。

　　蔡美颜的"变身"过程似乎有了些麻烦。虽然面试时精心打扮了自己，给了面试官一个很好的印象，但在专业知识上的准备却不够充分，回答问题也是粗枝大叶，说不到根本。在考官提出"你对我们公司了解多少"这个问题时，也因为准备不足，未能符合用人单位的要求，因此错失了良机。

　　苗胜楠与某大型企业集团公司经过双选、面试考核，在整个过程中充分展示了自己的优势，给用人单位留下了不错的印象，终于进入了签约阶段。

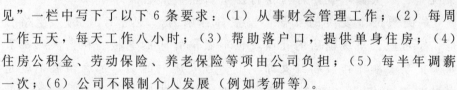

　　在签订协议时，苗胜楠在"应聘意见"一栏中写下了以下6条要求：（1）从事财会管理工作；（2）每周工作五天，每天工作八小时；（3）帮助落户口，提供单身住房；（4）住房公积金、劳动保险、养老保险等项由公司负担；（5）每半年调薪一次；（6）公司不限制个人发展（例如考研等）。

　　招聘单位鉴于以上条件不能完全答应，将协议书退回，但招聘单位觉得苗胜楠各方面条件不错，希望她重新考虑，并建议修改后再签。刚开始，苗胜楠不能接受，觉得自己提的要求不过分。最终，苗胜楠听取了辅导员老师的意见，放下了身段，修改了苛刻的条件，准备先脚踏实地做出成绩再期待更高的就业待遇。

212

元雪儿凭借着努力，也赢得了较理想单位的面试机会，但是内心却依然忐忑不安。面试中，元雪儿根据大家提的建议，尽可能保持了镇定和冷静，并且由于事先的准备猜中了许多考题，回答得很顺利，考官对她的各方面素质都较为满意。最后考官对她说："根据你的性格特点，我们想把你安排在办公室，可能和你的专业不对口，但是我们认为你更合适这个岗位。你觉得怎么样？"元雪儿被这个突如其来的问题弄得有点儿发蒙，不知该如何回答，最后犹豫地小声对面试官说："要不，我和爸妈商量一下？看看他俩的意思……"看着元雪儿突然和之前判若两人，主考官愣了一下说："好吧，你回家去商量商量吧。"从此没有了下文。

【名言经典】

小事成就大事，细节成就完美。

——戴维·帕卡德

面试需要的，是一种双赢的局面；在这过程中，求职者应该更多关注的，是用人单位的买点，而非自己的卖点。

——《职来职往》达人：刘同

【多知道一点】

求职过程中应注意的基本礼仪和技巧：

1. 着装方面尽可能穿着正式，不要太随意，注意发型整齐。注意三色原则，即全身上下的颜色不要超过三种。

2. 和用人单位约好面试时间后，最好提前5—10分钟到场，以表示求职者的诚意，同时也可借之调整自己的心态，作一些简单的仪表准备。

3. 进面试室时，应先敲门，得到允许后进。进考场主动问好致意，切勿急于落座，坐下后要保持良好体态。离去时应说"请问还有其他问题吗"，得到回答后道谢并说"再见"。

4. 整个面试过程中，应举止文雅大方，谈吐谦虚谨慎，态度积极热情。如果用人单位有两位以上主试人时，回答谁的问题，目光就应

注视谁，以表示对提问者的尊重。

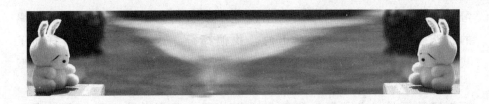

"面霸"的故事

　　热情、阳光、健谈，这是顾彬枫给人的第一印象。这个家住东北的帅小伙已有过数十次的高品质面试经验，通过率极高，现已被某外资银行看中，并且是人人羡慕的对公岗位，年薪比同专业同学高出近一倍。顾彬枫的成功是令人羡慕的，那么他是怎么做到的呢？

　　顾彬枫的寝室室友："老顾绝对是个新时代好男人，顾家、顾事业、顾朋友！哈哈，他可真没白姓顾啊。简单说来，就是对女朋友好得无微不至，班级工作做得风生水起，对兄弟绝对的两肋插刀啊！"

　　"虎子，你说话总是跩得一套一套的，不过枫子真是我们哥儿几个的榜样，尽管他脾气不太好，但看在他平时那么讲究的份儿上，我们都不计较这些啦。每学期末都是他'逼'我们学习的，要没有他，我早和我的 DOTA 一起挂在蒲大了。说实话，我挺感激他的。"

　　"他叫顾彬枫，他的生活真是像疯子一般，特别拼，绝对是个爷们儿！"

　　其实，519 寝室是全班唯一没有挂科的男生寝室。

　　某公关公司业务部主任："顾彬枫啊，这个学生我印象太深刻了。要知道他当时直接就跑到了我的办公室来，我都不知道他怎么找到的，他说想来我们这实习，其实我们不缺实习生，招实习生还会涉及费用问题，我当时非常为难，可他的那份执著真是让人不忍拒绝啊。我清楚地记得，那天他说他已经在银行、留学中介干过，尽管是实习，他想尝试不一样的生活。他说他不要钱的，干啥都行，脏的、累的、跑腿儿的、别人不愿意干的，找他都行。这小伙儿的热情打动了我，我让他留下来做我的助理，可我没想到，在我们组织的一次大型展览活动中，从幕后策划到布置会场，他和我们整整熬了一天一夜，要知道他可是义务的啊！我真有心把他留在我们单位，不过我觉得他应该有更广阔的天地啊！"

某外企银行 HR："我们每年都来蒲河大学做专场招聘会，我们的招聘条件是很严格的，由笔试、初面、无领导小组讨论、压力面试和总部领导终面这五部分组成，通过层层筛选能进到终面的寥寥无几，而最终录用的更是少之又少。顾彬枫在整个招聘过程中的发挥可以说是稳中有升，每一轮考试都是准备得最充分的，我们需要这样的人才！对于他未来的发展，我们更是期待！"

顾彬枫本人："我就是顾彬枫，老师同学们对我的评价有点儿夸张了。其实我就是不想靠父母了，老爸老妈养我这么大不容易，上个大学找工作还要靠家里，这样的话我都不知道自己的价值在哪。所以我早早就有了忧患意识，从大二就开始筹划就业的问题，考各种有用的证书，大三一开学我就开始制作简历并投递，还利用假期积极参加实习，大学里的寒暑假我基本都在外面实习。"

"有一年暑假在建行的实习，也让我对成功有了新的认识。我担任的工作是客户理财顾问，需要每天不停地打电话推销理财产品，被挂电话、被人拒绝成了家常便饭。当时，我的心情简直都差到了极点，甚至开始厌倦这个工作，我觉得我好失败。我的师傅及时发现了我的问题，提醒我再给客户打电话是不是可以先不说自己推销的产品呢？尽管半信半疑，但是在给一位白金卡客户打电话时，我尝试了师傅的建议，没有直接推销产品，而是从客户的立场询问需要什么服务，推销电话变成了善意的聊天电话，以致挂电话时竟忘了介绍自己的产品。后来，这位客户经常打来电话向我咨询一些事儿，尽管具体业务不是很熟，我还是不厌其烦地帮他咨询处理。久而久之，这位客户主动选择了我介绍的理财产品。直至现在，我们依然保持着不错的关系。这大概也是我能找到现在工作的关键一课吧。"

"我觉得我并不是什么'面霸'，大家现在看到的，正是我大学四年不断努力积累的结果吧。"

【辅导员说】

顾彬枫的大学生活充实而完整，他没有"享受"大学生活，而是致力于提升自己的综合能力，坚定的意志力为他的求职添加了砝码。然而，顾彬枫并不是一味地埋头苦干，他通过班级干部的经历锻炼了自己的沟通能力，并在实习实践中很重视交际能力的提高，这些都是他成为"面霸"不可或缺的因素。

【名言经典】

人的思想是了不起的，只要专注于某一项事业，就一定会做出使自己感到吃惊的成绩来。

——马克·吐温

用积极的心态创造人生。再烦，也别忘记微笑；再急，也要注意语气；再苦，也别忘记坚持；再累，也要爱自己。不要失去自己优秀的品质：自制的力量、冷静的力量、始终充满希望和信心。记住：哲人无忧、智者常乐。

——微博经典语录

217

后 记

　　本书由黄继忠、刘长溥、柴楠、孔晓四人统撰和修改。第一章由马强、孔晓撰写；第二章由姜涛、谭啸撰写；第三章由梁颜鹏撰写；第四章由白皓、孔晓撰写；第五章由柴楠撰写；第六章由刘长溥、李雪撰写；第七章由汤闳淼撰写；第八章由孔晓撰写；第九章由马海燕、李雯撰写。

　　编写本书得到了经济学院学生的热烈响应，有一批热爱文学的同学积极参与进来，和老师们一起讨论、构思，写出他们自己和身边发生的故事，精心挑选名言经典，认真对书稿进行校对。更为可贵的是，学生们的文学风格和语言特色增加了本书的色彩。

　　对本书作出贡献的学生有：赵田由美、龙婷玉、李明庚、云啸天、张弛、钮辉、杨亚男、薛永固、程文颢、尚雪莉、徐苏、黄丹、韩春雪、文吟、王文雨、徐丹、王默涵、赵婧彤、王金一、于乐洋、李中慧、张靖婷、苏宁馨、周榆、全巍、刘祯祥、武昭含。

　　在此特表谢意。

本书编委会

2014 年 6 月 30 日